U0074158

溫美玉備課趴 2

溫美玉・王智琪——著 賴馬——插畫

閱讀理解 延伸寫作 五卡教學實錄

目錄

Part 1 寫字&認識字詞

字詞是造句、寫文章的基礎。讓我們揮別抄圈詞、查字典、大量抄寫的被動學習，
把認識生字與新詞彙的過程變得輕鬆、愉快又有效率，
讓孩子在奠定語文能力的同時也培養自主學習的心態。

Part 2 文體&寫作形式

課文是學習寫作的絕佳材料！不同文體擁有不同的特色與寫作技巧。
我們透過閱讀，可以模擬作者的寫作思維以及他所運用的寫作技巧，
還能從中延伸出擴寫或改編等實際練習。

Part 3 加入情緒&想像

如何描述情節，甚至寫出一則故事？
這個篇章將帶領大家深入文章的情意層面，瞭解人物的情緒、性格與行為。
再以此為基礎，乘著想像的翅膀，優游於各種故事的欣賞與創作世界。

Part 動手做&自主性

DIY 是誘使孩子樂於上課的法寶。在溫老師的國語課，圖文創作已是常態，
學生還可以自己改作文、做小書、一起玩紙偶戲。這些活動涵蓋了課程目標，
還可強化孩子的自信與自主學習的習慣。

給我一個支點，語文世界輕而易「舉」

溫美玉

1988 年從師專畢業、踏入國小教學前後，有幸受教於恩師吳英長老師，他前瞻的教育信念及有別傳統的教學模式，形塑了我個人日後與眾不同的風格與能力。這些年，因網路之便，成立教師專業社群「溫老師備課 Party」，引發了許多老師及相關教學團體的學習熱潮。在如此狂熱且優質的氛圍中，如何將多元、趣味、具有深度及效度的教學方法，有效且精準的傳遞到每個教室，就成了我最想克服的教學大事。

在各方殷切期盼之下，彷彿神助般的，我終於有機會拿著解剖刀，一刀一刀析理出自己在語文教學的成功關鍵，那就是「閱讀七大心法」、「寫作五大路徑」，還有提供學童自主學習的「五卡」和一板（小白板）。這些高效的方法、輔具，外加有效的班級經營，讓我和孩子的語文課總是如在雲端，無邊無際、自由自在，永遠有值得探險的地方，也從不害怕要往哪裡走。

剛入職場時總是使盡全力，績效還不見得能達到現在的十分之一；可是，現在有了明確方向，加上實用又具趣味的五卡和小白板，借力使力，竟然就能讓每一天的教學彷彿漫步在雲端。所以我想大聲說：「給我一個支點，我就可以舉起整個語文世界。」

你一定很好奇，溫老師到底有哪些強而有力的「支點」呢？

支點一：閱讀七法，進入語文的最佳捷徑

傳統語文教學獨鍾一法：生字→語詞→造句→段落（篇）大意→主旨，然後

就是無止盡的寫圈詞、寫造句、完成習作。這麼呆板無趣、缺乏深度又沒效率的方法早已為人詬病；然而，彷彿被下了詛咒，許多老師一上台，常常下意識的就這麼上國語課。

改變很難嗎？一點也不！根據自己多年的語文教學經驗及成果，我整理出一套進入閱讀教學的「七大心法」，每一種心法又再細分出幾種方式，對於要進入語文教材的生手來說，不僅具體實用，而且簡單易懂！只要根據文章屬性，加上教師的生活經驗，以及確認好的教學目標，就能快速找到教學的入口。接下來，再沿著各種心法，教學脈絡就會慢慢浮出。於是，該要搜尋補充資料，還是提問、製作學習單，繪圖或借助五卡……輕鬆搞定！不再人云亦云，或是抱著備課用書死 K 卻不知為何而戰了。

這麼多元的選擇，就是為了讓孩子體驗適切及豐富的語文情境。當他們被挑起強烈的學習動機之餘，再深再難或是再平淡的課文，都能搖身一變成為課堂上的美麗風景。而且，學生學得比以前更深、更多，老師也比以往教得輕鬆愉快，師生絕對能寫下語文教學的奇蹟。

支點二：寫作五路，讓創作也瘋狂

傳統作文偏向狹隘的命題方式，不僅題目常常從天上掉下來，跟原來的語文教學主題、內容毫不相干，表現手法也過於呆板僵化，除了寫在稿紙之外鮮有創意。這本書裡，我再度實踐「從課文長作文」、「讀寫合一」、「寫作不必另闢戰場」的寫作信念，並且讓寫作結合藝術與手做，展現現代文學的多元風貌。只要你願意循著「五大路徑」，寫作也能讓孩子欲罷不能！

支點三：五卡一板（小白板），讓學習不再卡、教學不呆板

「五卡」絕對會掀起「語文鷹架理論」的變革，也勢必顛覆「師上生下」、「師講生聽」的傳統模式。當然，更巨大的影響將會發生在「人際處理」與「班級經營」。本書提供「五卡」的使用方式，不僅深化語文閱讀，以往百般無聊的語文相關課程也能瞬間從黑白轉為彩色。它如此神奇、如此威猛，連家長都可輕易上手。若要票選翻轉教室生態的秘密武器，「五卡」當之無愧。使用時再搭配「小白板」，讓孩子成為學習主體，並以「五卡一板」作為表達思考的利器，教學的三大目標——認知、情意、技能，就能一次完美到位。

支點四：教學路上的天使——智琪老師

我越來越相信，當你想完成一件偉大的理想，老天爺不但不會取笑你不自量力，還會在關鍵時刻派一位天使來成就你。這樣的預言與念頭，在智琪成為我的實習老師之後，我更加篤定與確信。

網路發達造就了教學分享的便利，於是我成立了「溫老師備課 Party」。但，一刀兩刃，隨著加入的人數越多，更加深我的使命與責任，因此，天天紀錄教學實況與分享，成了我揮之不去的工作。然而，又要擔任第一線教學，又得時刻寫作和到各地演講，蠟燭兩頭燒，怎能吃得消？

2015 年 8 月，在我一點都不想擔任大五生的實習指導老師之時，學校硬是拜託我接下這職務。雖然智琪完全不認識我，但耳聞過溫老師的豐功偉業，加上自己性格使然，最害怕的就是遇見溫老師了。但人怎麼都躲不過老天設的局，命中注定性格南轅北轍的兩人，還是成為了師徒，而且，彼此在五個月實習期間皆痛苦不堪。但是，若你以為這齣戲就要在她結束實習之際畫下句點，

那又小看老天爺了。匪夷所思且劇情大逆轉，義務實習結束之後，智琪竟然留下成為我「給薪」的教學助理。我們兩個人個性天差地別：她過度害羞、沒有自信，我則是自信滿滿、自以為是；她行事膽怯、裹足不前，活脫脫是個慢郎中，我天生「急驚風」，說風就是雨，大刀闊斧，做了再說；她不善口語表達而我滔滔不絕；她不知未來該往何處前進，而我的人生從未迷失，總是清晰又篤定⋯⋯。看似這麼多的截然不同，還好，我們都喜歡思考，都愛用文字表述深刻的反思。尤其她的筆觸溫暖、深刻，帶給人們前所未有的清新感受，讓我有機會從文字觀照她的內心，並發現她不為人知的優勢。所以，教室成了我們實現夢想與理想的地方，每一則教學案例都是我們合作的心血結晶。一年下來，她是我認為最能記錄、轉化、詮釋我的教育哲學觀與教學思考的人。屬於「行動中」思考的我，天天都有源源不絕的教學好點子冒出來，若非智琪，我礙於時間、能力跟體力，這些點子絕對無法萌芽甚至茁壯成熟。多虧了她，才有這本書，也才有無數的優質又容易上手的學習單可供大家使用。如果要說更直白的感恩，那就是：「沒有智琪，就沒有全新出擊的溫老師啊！」

透過智琪這一年來不間斷的觀察、記錄，加上課前或課後與我深度對談，每一堂精彩又有創意的語文課到底蘊藏哪些秘密呢？除此，還有繪本大師賴馬再度助陣的「五卡」——情緒識別卡、人物行動卡、性格特質卡、我的觀點卡、六星寫作卡，這些語詞透過大師的獨特詮釋與精準描繪，延續上一本書《情緒寶盒》的特色，這次《五卡寶盒》更讓人讚嘆與折服。使用這本書時，記得要搭配上述兩套寶盒和小白板，語文及相關課程的教學絕對如虎添翼！用對方法，相信你也能跟溫老師一樣，找到對的支點，讓語文世界輕而易「舉」。

擺脫傳統句讀，和語文一起走過百變的生命旅程！

王智琪

去年8月，我到南大附小進行為期半年的教育實習，記得當初得知將由「溫美玉老師」給我實習指導時，內心戒慎驚恐，一來震懾於溫老師的名氣和「快刀斬亂麻」的氣勢；二來對自己「當老師」的能力實在沒有信心，擔心自己無能到讓老師受不了。我們之間發生許多磨合、轉折，暫且先略過不談，只針對「國語教學觀察」與「孩子和我的改變」說起。

「離經叛道」的國語教學

你一定覺得我皮在癢了，後生小輩，膽敢說溫老師的國語課「離經叛道」？別急著生氣，我是說，與「傳統國語教學」（教生字新詞、查字典、寫造詞造句、畫段落重點、寫習作）相對應，它真的非常「大逆不道」！但你會吃驚國語課竟能如此多元、如此有趣，又絲毫不缺思考、應用及創造。

記得剛開學觀課那幾週，我看得一頭霧水，因為溫老師不像一般老師，先上生字再上語詞、課文深究、形式深究……，她完全沒有可複製的「模組」。舉個例子，第一課老師深入探究「寫字」這件事；第二課卻沒再強調寫字，而是以繪本為輔，為課文進行逐段分析與深究；第三課更怪，做課文預測，但不再逐段帶孩子看課文，而是把課文濃縮到一張學習單，要學生們自行完成。看到這邊，我錯亂了：「天呀！觀了三門國語課，每課上法都不一樣，各課該上什麼的『標準』在哪裡？我怎麼看不出來？」

持續觀了一學期的課，並聽溫老師課後為我分析解惑，我終於明白老師的理念——每一課上法不同，是為了擺脫「無趣」的桎梏，引發學習動機，進而啟動讓腦袋「動起來」的幫浦。我也驚喜的發現原來國語課可以不只生字新詞，不只單調的「句讀之學」，它可以讓孩子發揮想像力、體驗新事物，甚至是哲學思辨！我將溫老師的國語教學思考，簡單分析說明如下：

1. 從課文中發展「閱讀理解」並「延伸寫作」

「閱讀理解」是以多元的策略讓孩子理解課文、相關背景知識等，目標是要讓孩子對文本「有所感」。「有所感」後，便能引導孩子針對主題進行寫作。溫老師每課都會安排寫作（或學習單），因唯有這麼做，才能「統整、消化、詮釋」學習內容，達到「反饋、吸收」的成效。

2. 主題式：一次著重談一件事

不同於一般老師在每課中包了生字、新詞、句型、朗讀這般「漫撒魚網」的教學，溫老師喜歡一次抓住一個重點，讓孩子深入此一重點，進而建構能力，應用到之後的學習。比如某一課課文中「四字語詞」特別多，便深入和孩子談「四字語詞」在文章中的功能與應用，未來孩子看到四字語詞時，就會有一定的敏感度。

3. 反其道而行：把你認為「老師該做的事」交給孩子！

許多諸如「出題」、「提問」、「找課文重點」等看似老師要做的事，溫老師都會指導孩子「自己做做看」！以我印象深刻的「提問教學」為例，一般老師的認知是：由老師提問，讓孩子回答，溫老師卻不這麼做，她花了一節課教孩子如何「問好問題」，再訓練孩子「自己看課文、自己提問，再自己找答案」！

當然這不容易，也不必奢望孩子首次嘗試便能盡善盡美。想想，不能 100% 命中目標又如何？過程中他們努力的讀課文，至少達到「熟悉課文內容」的目的。我們常預設「孩子年紀太小，對他們來說太難」，因為我們總想著要他們馬上學會，但這是不可能的！溫老師總將孩子達到目標的時程訂得很長，因為能力的建置常需耐心的等待，教一次還不懂，但多講幾次後，就能慢慢了解。既然如此，何不讓孩子「多嘗試一些」呢？

4. 最需要了解課文內容的人是誰？是學生，不是老師

你以為老師要先把課文讀通讀透，再把自己對課文的理解傳遞給孩子知道嗎？溫老師說：「不是『老師要讀透』！老師要做的，是拋出問題或安排任務，『想辦法讓孩子讀透』呀！」讓孩子藉自我檢索找到答案，得到的學習才真正屬於自己。此時，給每個孩子一人一個「小白板」非常好用！舉個例子，某課課文中寫了甩餅的製作步驟，溫老師請每個孩子以四格漫畫的形式將步驟畫在小白板中。過程中孩子自己看課文、自己解析並轉化成圖像，根本不需要老師一步驟一步驟講述說明呀！

溫老師還有更多理念藏在教學細節中，難以一一列舉，我就將答案留至後面篇幅供讀者「挖寶」啦！

原來孩子有無限可能

9 月初，我跟著三年己班的孩子們一同來到教室，初次認識溫老師，我們都睜著骨碌碌的大眼，想瞧瞧這位老師會變出什麼教學魔法。一年半後，我震驚於孩子不再需要以獎品、糖果哄騙，就能樂於學習與嘗試，為什麼？讓孩子摸不透老師的下一步，他們便能永遠抱有期待與動機呀！

回想這段路，孩子之所以能能力大爆發，找到專長、找回自信，不再害怕學習，我認為關鍵有二：

1. **從多元嘗試發現每個人的亮點**

溫老師的教學裡，畫圖、編輯、說理、演戲、演講全部包辦，孩子能從各式各樣體驗中，發現自己特別喜歡做哪一類的事情，從中找出成就感與自信。

2. **讓孩子多做，並相信他們做得到**

記得在上「許願」這一課時，老師與孩子談：「為什麼許願仙子只會實現某些人的願望？他為什麼偏心？」就有孩子回答：許願仙子能力有限，他無法幫助所有許願的人。孩子甚至為「為什麼某些人不努力就能中樂透？」做了解釋！這群「小小智者」那麼厲害，我頓時慚愧自己太小看他們了。由此例可證明：當我們相信孩子是有思想的人，他們就能變成你想像的樣子！

以眼擷取、以筆記錄，留下溫老師的教學紀錄片

一年半以來，我持續觀察、紀錄溫老師的教學。這工作最辛苦的地方，就是工作沒有做完的一天：舊的沒記完，新的課程便開始進行，像肩上的重物卸了一個，又來了兩個，扛都扛不完。儘管如此，此階段卻是我自認一生以來最充實篤定的時刻，我每天都知道自己要做什麼，也在第一線與孩子一同學習。能目睹最獨特且有效的教學，自己是何等幸運！不論是與孩子一起思考哲學問題；與溫老師一起為孩子的作品大笑、驚嘆（孩子想到的事，往往是大人意想不到的）⋯⋯，均讓我樂在其中。

我最大的領悟是：「多做」才是「真學習」，這是我過去從未想過，求學階段也沒人告訴我的事。這也讓我開始改變自己學習的方式！

最後，我很榮幸能不遺漏的留住老師所有教學。三年級第一波語文稿的完成，對我而言意義重大，但跟著溫老師一起紀錄的旅程才剛開始，我會扛著這甜蜜的負荷，繼續譜出下一階段的教學紀錄。

PS. 書中篇篇教學案例，均是溫老師實際操作過的策略，我也參與觀察、紀錄，並試圖理清教學脈絡並呈現孩子的真實反應。期望讀者可以跟我一樣，受溫老師的教學啟發、震撼，讓教學注入更多「源源活水」！

關於學習單、補充資料與學生作品範例的下載說明

親子天下網站提供大家免費下載此書提及的學習單、補充資料，以及學生作品範例。

下載方式 1

此書每篇文章的第一頁提供的 QR Code 條碼圖。你只要用智慧型手機或平板電腦掃描，就可直接下載空白學習單的檔案。

下載方式 2

至親子天下網站．翻轉教育平台的溫美玉老師部落格首頁。從該頁面上方的「社群資料」欄位，點選進入這本書提供的線上資源總列表。

這裡提供學習單、課外補充資料，以及學生作品範例的完整下載。

溫美玉老師部落格：

Part 1

寫字 &認識字詞

字詞是造句、寫文章
的基礎。讓我們揮別抄圈詞、
查字典、大量抄寫的被動學習，把
認識生字與新詞彙的過程變得輕鬆、
愉快又有效率，讓孩子在奠定語文
能力的同時也培養自主學習
的心態。

1-1 生字怎麼教？終結抄生字的悲情

應用時機　二上翰林版國語課本〈我的相簿〉，類似手法在各版本各課的教學皆適用。

教學內涵　**不貪多：**一開始只要求學生好好去寫「一」個字，避免因大量抄寫的單調動作而引發抗拒學習的心態。

放緩速度：師生兩方都有餘裕為學生逐步建立起「習字」的原則。

從課文出發：回家預習作業與課堂活動能激發學生對課文相關主題的興趣，並藉此掌握課文重點。

預測策略加上字詞聯想活動：深化學生對於這些字詞的感覺與印象。

溫老師這樣想

很多人對於生字教學都有這種迷思：如果沒先教生字，孩子就不能閱讀或理解事情。這是非常可笑的，因為，連幼稚園孩子在識字之前都能大量聽懂故事內容，也能發表想法，所以，字詞雖然會影響理解能力，卻不是絕對或唯一的評判標準。再說，你自己在看電影或平常閱讀前也會先查字典、造語詞、抄一堆成語、釐清各種修辭手法嗎？你或許會說，成人已經累積許多生字了，所以不需要做這些事情。可是，孩子看卡通、跟著媽媽看韓劇、跟著阿嬤看鄉土劇，也沒有先寫生字或查部首、抄成語啊？

那麼，生字不需要教嗎？當然要教。只是，我們要先釐清觀念再教。否則，不但會讓孩子未蒙其利先受其害，更甚者，陷在生字泥淖，還以為這就是語文，這不僅貶低、侮辱了語文，也間接扼殺掉孩子親近文學的機會。

我們為什麼要讓孩子學生字？

理由一：基於書寫回饋

首先，如同上述所言，孩子不會寫字，也能理解文章或影片內容。可是，語文並非單一接收，還需要書寫「回饋」，所以，符號或文字就成了必要的工具。

理由二：基於深度理解

文字蘊含各種內涵，絕非單一。若想追求深度，不管是閱讀或書寫，除了簡單認識以外，還必須繼續「鑽研」。所以，成語、修辭、句型……，就成了深入文學的必要養分。

沒有「根」的生字教學可休矣！！

傳統國語課總是直接抽出字、詞教學，因此老師在進入課文之前會先派學生查字典，抄一堆跟生字相關的解釋、造詞及成語。這種教學方式一代傳一代，從沒有人質疑過，老師自己也不知道為什麼要這樣教、這有什麼意義，只因為

「老師的老師就是這麼教的」。結果，現在的家長或安親班老師憂心學生做不來，就買出版社的參考書，裡頭有抄不完的資料。學生想哭，家長無奈，老師也不曉得自己為什麼要這樣虐待學生。當然，部分老師對此振振有辭：「我要讓學生增進語詞能力啊！」光看這整個過程的瑕疵，即使教生字這件事原有多偉大的價值，最後卻都因為「抄」而崩毀了。更別說，這件事還真不知為啥而戰呢！

讓字詞教學帶有積極的意義

我並非主張不去探討生字，而是需要賦予這動作一個意義。文字是表述工具，是讓科學或事實能走向文學境界的載具。所以，探索文字，得回到文章本身，讓字「應運而生」。

溫老師如何教

以下以〈我的相簿〉為例，說明如何教這篇課文的生字。在此特別說明，這次的示範步驟僅是教生字的「其中一種」策略，並非每堂都適用！

一、從課文出發的預習活動

首先，從課文出發，透過預習作業與課堂活動，讓學生逐步理解課文的內容。我設計了一套以「我的相簿」為主題的系列活動。

步驟❶ 前一天回家功課：尋找「一張照片的故事」

1. 找出一張特別有故事性或重要的照片。（小時候的照片為佳）

2. 訪問家人關於這張照片的：(1)人、事、時、地、物；(2)當時孩子或其他人的感受，或者孩子當時的表現

3. 把這張照片貼在老師發下的卡紙，並寫上採訪家人獲得的資訊。

步驟❷ 第一節國語課：分享「我的照片故事」

1. 請學生上台分享自己照片的故事
2. 兩或三個學生一組，彼此分享自己照片的故事（可參考課文的照片故事，作者說了什麼？）

步驟❸ 第二節國語課：生字教學

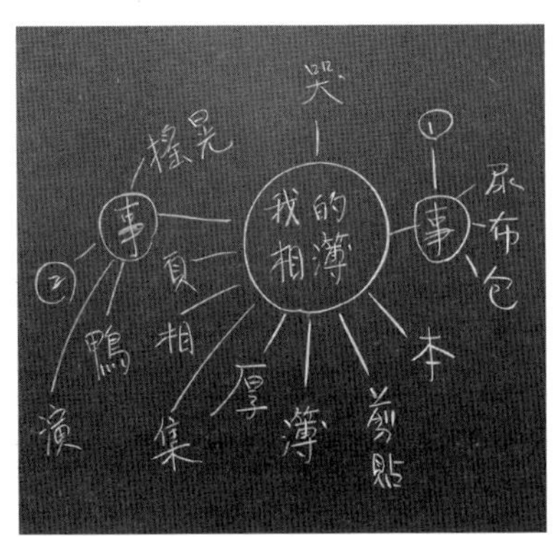

1. 從課文到生字

①預測：〈我的相簿〉這篇文章讓你想到哪些語詞或單字？

②檢查：翻開課本裡的生字表，有哪些是你剛剛預測時提到的？哪些沒提到？這些字跟「主題」或「題目」有什麼關聯？

二、掌握生字的形、音、義

我認為，先讓孩子理解方塊字的字形、字音與字義，這些才是熟悉新單字的基礎！先前花了幾堂課介紹，再加上開始前的回家作業，一系列的暖身活動，目的是希望能勾引出學生們對這篇課文的主題與相關字詞產生興趣。到了現在這個階段，生字教學才算是正式展開。

步驟❶ 複習筆畫名稱

請學生翻開生字甲本，我們先複習「筆畫名稱表」，用以強化字型的正確度與精緻度。

步驟❷ 形音義「困難度」票選活動

在這場名為「困難度排行榜」的活動，請學生以字形、字音、字義為判斷標準，票選自己心目中最難的字。比如，問他們在 這些字裡面的哪個「部首」最難？為什麼？ 經過全班票選，我的學生決定部首很「難」的字會具備以下的條件：

- 容易混淆或搞混，例如：集——隹部。
- 隱藏在字裡面，例如：最——冂部。
- 不認識這個部首，例如：厚——厂部。
- 部首沒有特別意義（不像有些字我知道它的部首字義，例如：鴨字的部首是「鳥」）。

我又問他們，這些字裡面哪個最難寫？為什麼？ 學生們多半覺得簿、搖這兩個字的筆劃看起來都很多，票選結果是「搖」獲勝。理由是，「簿」雖然有很多筆畫，卻很容易分解成幾個部件。最後，問學生：「這些字裡，哪一個字的注音最難？為什麼？」全班討論完，一致覺得沒有很難的注音：「都很簡單啊！」

三、實際練習寫生字

經過前兩個階段，學生應該對於課文裡提到的生字有所感覺，並能掌握這些字的形音義了。打好根基之後，相信孩子會更願意親近這些生字了。此時，我們才開始抄生字——不過，「抄」這個字讓人覺得是不經思考、不帶感情的動作。所以，以下的學習內容與其說是「抄生字」，我更願意說這是「習字」。

步驟❶ 確立習字原則

由於是這學期學生第一次寫生字，所以，我在課堂上花了 20 分鐘的時間讓他們實際操練，並說明我的要求。

1. 寫了→寫完→寫對→寫好：老師要的是「好好的寫」。我們在生字本上面「只要寫一個字」就行了，但這個字要跟範本上面的字長得一模一樣。
2. 先給老師確認你寫的字以確定標準：先練習一個字，寫好之後讓老師確認。通過、打勾之後再練習寫下一個字。接下來，就自己拿捏摹寫生字要「長得一模一樣」的標準。

步驟❷ 回家自行練習

其餘生字的習字練習，當成回家功課。

另外，如果第一個字寫得不夠標準或完美，陳寶嘉老師建議不必擦掉，繼續往下寫，再從中勾選自己認為最美的字。（關於引導學生把字寫好的教學方式，請參見下一篇的第 22 頁）

溫老師的叮嚀

回顧整個生字教學，從課文出發，先讓孩子對生字感到有意義之後，接下來才教導字的形音義。教學方式也務求活潑、實用。例如，讓孩子試著訪問家人談論「一張照片」的故事，接著到學校向全班同學發表分享。此外，形音義「難字」排行榜的設計，以及寫字不貪多的理念（分析、解構字形與字義之後，只讓學生好好地去寫「一」個字），讓教學工作重質不重量，也強化了孩子的學習效能。

1-2 生字怎麼教？來場有效的學習吧！

學習單下載

參考影片

應用時機

三上翰林版社會課本〈我會認眞學習〉，可搭配任何版本的國語課文。

教學內涵

橫向串聯兩種科目：串聯各科之間互通的學習內容，選擇在其中某科的課堂上讓學生一次演練，能爲教師縮減在不同課堂重複相同概念、重點的時間。

充滿驚喜的潛在課程：老師悄悄在國語課的習字練習融入社會科的單元主題，並刻意不透露這項企圖，直到課堂結束之際再宣告，學生驚訝、歡笑之餘，能深化對兩方課程學習重點的印象。

不貪多、不著急：教師逐步運用策略來建置學生的自學能力。老師確實執行每個步驟，學生在課堂也有所依歸，並因此發展出自己的「監控系統」。

?溫老師這樣想

每次接下新班級，一開始總有立不完的新規矩，或是需要幫學生建置的新能力。然而，教學時數是固定的，無法生出多餘的課堂，只好想方設法，掃一遍手上的全部課程，接著運用策略進行橫向或縱向的連結。例如，我讓國語課也可以變成社會課，一魚二吃，既可省時間，還有意想不到的效果。

這學期使用翰林版的社會課本，三年級上學期第一課是〈我會認真學習〉。若將這篇課文的內涵應用在國語課，對學生來說其實是再好不過的實際演練。進行之前，我在上一堂請學生寫作「我的美勞課」，並讓他們藉此回顧先前已上過的社會科第一單元「為自己的學習負責」的重點。這方式提供了學生親自操作「為自己的學習負責」這個概念的機會。接下來社會課第一單元還有其它重點，例如「有效的學習方法」，我也想炮製上述方法；於是，進度已經落後的國語課程就成了新目標。

溫老師如何教

對於三年級學生來說，國語課的教學重點之一就是教生字。要求年幼的學生大量抄寫，反而會背離熟能生巧的目標，容易讓學生視之為畏途。上一篇已提過「生字」該怎麼教？這篇就不再贅述為何要堅持「只寫一個字」等理念。

步驟❶ 老師先確立「教」生字的概念

教生字，最大重點就是老師自己要先釐清生字教學可分成「寫字」和「識字」，兩者不可混為一談。接著，才開始逐步運用策略來建置學生的自學能力。不急著讓孩子透過大量抄寫來熟悉生字，你就能把每件事都做好，孩子在課堂上也有所依歸，並能自然而然發展出自己的「監控系統」。所以，每次我在教生字的時候會跟孩子好好溝通，也會同時告知他們：「我們不需要一次做兩件事。這兩節課，先談寫字的步驟和方法就好。」

步驟❷ 幫學生設定寫字的條件

要具備什麼條件才能把字寫「好」呢？(1)身體坐姿、(2)握筆姿勢、(3)最好使用 3B 鉛筆、(4)分析字的組成。我也推薦師長上 youtube 網站參考陳寶嘉老師的教學影片。連結該影片的 QRCode 條碼圖，放在本篇第一頁的「參考影片」欄位。

步驟❸ 讓學生在課堂上練習寫字

當學生們開始寫字時，老師要時時提醒他們不僅要寫了、寫完、寫對，還要「寫好」！

1. 老師在黑板上示範與講解：(1)先複習筆畫名稱，並說明比較難懂的部分。(2)在黑板示範某一個字的正確寫法，包含該字的部件、結構，以及筆畫的名稱。(3)請學生念「筆畫的名稱」，提醒您：不是念「順序」喔！
2. 請學生在生字本練習寫生字：(1)停看：確定部件與空間位置的擺放。(2)念：邊寫邊念筆畫的名稱。(3)檢查：寫完了，要檢查字有沒有寫的正確或寫的漂亮。(4)每個生字，除了描紅以外，一律先寫一個字就好，除非學生覺得不夠完美。(5)學生寫的字要等老師確定沒問題了，才可以繼續寫下一個生字。(6)當學生繼續寫字時，老師順便提醒他的姿勢與握筆是否需要改進。
3. 在課堂上沒有寫到的生字，請學生在回家後，自行用相同標準來完成習字練習。這樣的要求能協助他們自行建立起關於寫字的監控系統。

寫生字也能實踐社會科的課程重點

我在兩節國語課結束前的五分鐘故意向學生宣布：「剛才兩節社會課，老師已經上完啦！」學生露出不可置信的表情：「我們剛剛都在教怎麼寫生字，哪有上到社會課？」哈哈，他們的反應果然不出所料。我回答：「不然，你打開社會課本，翻到第四個重點。上面是不是說『有效的學習方法』？請問，我們剛才不是一直在使用有效的方法來學習生字嗎？」學生紛紛笑著說：「是啊，是啊，沒錯！」

溫老師的叮嚀

「老師，真的只要寫一個字就好嗎？」全班只有三個舊生，其他學生聽到我規定只要寫好一個字，連問了三次！因為，很少有老師認為孩子只要寫一次就能學會生字。其實我自己也無法確定生字到底要寫幾次才會記住，但可確認的是，一開始只要求孩子寫好一個字，他們會因此卸下壓力。不必趕、無需著急，我們有時間把一個字寫到最美、最好，也更有機會記住它。學會生字，就像運動需要放鬆才能好好的伸展肢體、發揮力道。試想，生字本滿滿好幾面的生字等待抄寫，誰還有興致學習？回到課堂現場，當孩子確定老師的「德政」之後，各個雀躍不已，就像充飽電的小小戰士迫不及待上戰場。再加上老師的鼓勵與催化，每個都以為自己是天才書法家呢！

至於讓學生在同一堂課體驗、實踐兩種科目的課程，說穿了，社會課的「我會認真學習」單元不需要「教」課文，而是應該運用策略將該單元的概念套用到各科的每件事。我找出廠商附贈的測驗卷，檢視後更強化這個理念。如果老師為讓學生在這種測驗拿高分而要求他們大量的念、寫，甚至背誦課文，怎能奢求孩子將來在全球競爭時擁有足夠的能力？所以，放了孩子也放過自己吧！課文不該是拿來念誦或考試的！

1-3 錯字寶典 讓學生心甘情願改錯字

應用時機 類似手法在教學各版本各課的時候皆適用。

教學內涵 **認同感：**老師先認同學生「寫錯字不是罪惡，更不是故意」，等雙方建立起信任關係了，再共同商議出如何讓錯字變少的方案。認同與信任可避免師生衝突，更能發揮教學績效與學習效率。

集中管理錯字的方案：讓孩子謄寫自己寫錯的生字到特定的作業簿，能強化自主學習的能力。帶領他們製作自己的《錯字寶典》，能有效轉化學生對於抄寫錯字的負面感受，並且樂於主動溫習這些字。

創意機制：讓孩子「改錯字」的心態從消極轉爲平靜，再發展出積極的行動。

❓溫老師這樣想

你會因為學生寫錯字而抓狂嗎？甚至為了他們總是一再寫錯相同的字詞而搞僵師生關係？小學生寫錯字的現象相當普遍。不過，如果老師自己先改變做法與心態，「改錯字」這個動作其實也可以既有趣又有績效！

寫錯字，等於負面的印象與情緒？

請你回想到自己小時候「訂正錯字」的事，是不是往往伴隨著負面感受？譬如，被老師不斷追討訂正作業、每次都覺得自己「被罰寫」才無法準時下課；還有，查字典更是一件令人厭煩的任務⋯⋯。結果老師們為了解決惱人的「錯字」，不知引發多少次師生衝突、彼此怨懟的情境。

我們只能如此負面看待「寫錯字」嗎？仔細想想，孩子寫錯字是很自然的，因為他們還不熟練。通常只要多寫個幾次，就能寫出正確的字了。說到這裡，你可能會想吐苦水：「學生最讓人惱怒的，就是他們每次都寫錯相同的字！」為什麼會有這種現象？因為我們從來沒有幫孩子形成「渴求改善錯字問題的動機」。他們每次訂正錯字時，都覺得自己被懲罰，哪還有心情去記住當初寫錯的那個字？

面對這個難解的問題，我提出了解決方案。第一步就是要老師先認清楚「孩子寫錯字是合理的，孩子們並沒有錯！」的事實。當我們接受了孩子會失敗、會犯錯的事實，那麼，我們就可以從另一個角度來思考：該如何幫孩子破除對「改錯字」的厭惡感？要怎麼促使他願意主動學習、修正自己容易寫錯的字？

要求孩子查字典，有錯嗎？

我不喜歡要求孩子三不五時就去查字典。因為，字典那麼厚重而且攜帶不便！更何況孩子寫作，一遇到不會寫的字就逼他們查字典，其實會打斷文思。

也就是說，馬上查字典的動作會干擾寫作，甚至會引發孩子不喜歡寫作的感受。尤其是中低年級的孩子，他們的識字量還不高，往往無法隨心所欲地撰寫文章，若老師因此要求他們查字典，寫作的思路一直被打斷，多令人厭煩啊！所以，利用「查字典」來減緩錯字率似乎並不是雙方情願又便利的辦法。那麼，有什麼方法可以讓師生互利並且皆大歡喜呢？

溫老師如何教

我提出了這個創意機制，讓孩子「改錯字」的心態從消極變為平靜，進而發展出自己願意積極改善的情況。首先，老師在課堂上跟學生談論「改錯字」的意義與目標，接著，大家一起討論要採取哪些方法去精進它。以下是我們順利扭轉「改錯字」這件事的過程。

步驟❶ 老師與學生站在同一陣線

一開始，老師要認同學生「寫錯字不是罪惡、更不是故意的」。我告訴孩子：「沒有人想寫錯字。寫錯字並不是你的錯！」

步驟❷ 共同想出打擊錯字的辦法

老師得到孩子的信任之後，師生再一起想出如何打擊錯字的辦法。我提議學生可以把錯字集中管理。「錯字絕對不會只出現一次，它會不時出來騷擾你們這群好孩子，還讓你們常常被家長罵，真是叫人生氣又無奈。」為了徹底解決這個惱人的傢伙，我們可以照以下方式來消滅錯字。

1. 拿出一本國語作業簿、製成《錯字寶典》之類的工具書。
2. 以後只要遇到錯字就通通「押解」到這本書裡面集中管理。

3. 如果自己想不起曾經寫錯的字該如何寫，就拿出這本來看。

最後還要告訴他們，這本簿子比字典輕多了，可以隨身攜帶，還能隨時記錄、蒐集錯字，考前又能當成複習本，「哇！真是一舉多得！」

步驟❸ 正面迎接修訂錯字的挑戰

原本只是要孩子訂正錯字，卻因為心態不同，修訂方法跳出尋常的僵化框架，就讓每位孩子都非常樂意且積極面對「錯字」。於是，有趣的事情發生了！我解說完這項工作，早自習時間已經結束，接下來是兩節的科任課程。我給孩子們一個自主選擇的機會，他們可以決定自己要採取哪個方案。方案一：利用這五分鐘訂正日記簿裡的錯字，再將這些字一一謄上《錯字簿》三遍（全班經過討論，一致認為寫兩到三遍會比較容易記得住）。方案二：從專科教室回來之後，自己利用下課時間去修正寫錯的字。

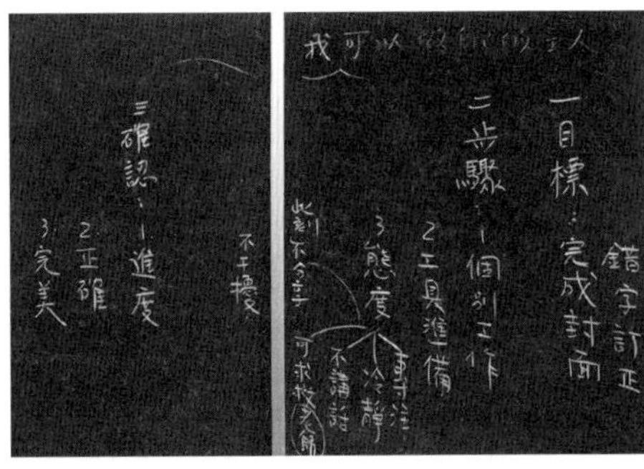

老師跟學生溝通了規則之後，就讓他們自己去完成訂正錯字的任務。

老師不干涉學生的決定，我只要他們記住目標就是「在第三節上課之前把字訂正完」。很讓人感動的，他們在第一節下課時就回來教室、開始默默的改錯字。沒有人要求，完全是發自內心、願意去做這件事。到了第三節課的時候，只剩兩位孩子還沒有完成訂正錯字的

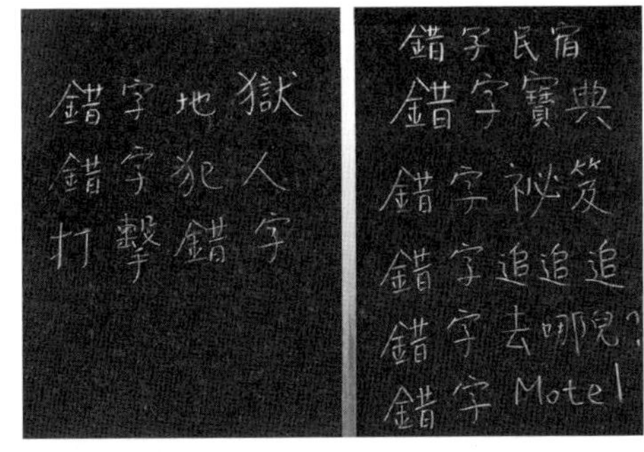

孩子幫自己的國字訂正作業簿想出極有創意的名字。

目標。這樣的歷程已讓孩子把改錯字的心態從「消極」轉變為「平靜」面對了。但，我覺得這樣還不夠。最終目標是要讓他們「很樂意的」去改錯字。該怎麼做才可以引發他們的動機呢？

創意，能把學習的煉獄變成天堂

要讓孩子喜歡一件事物，必須先讓他們體會到它是多麼的獨特、有趣、有意義。為了更確定「訂正錯字」的價值，我讓孩子們製作個人版的《錯字寶典》。所謂的《錯字寶典》，也就是在原先的《錯字簿》表面再加上一張自繪的封面。

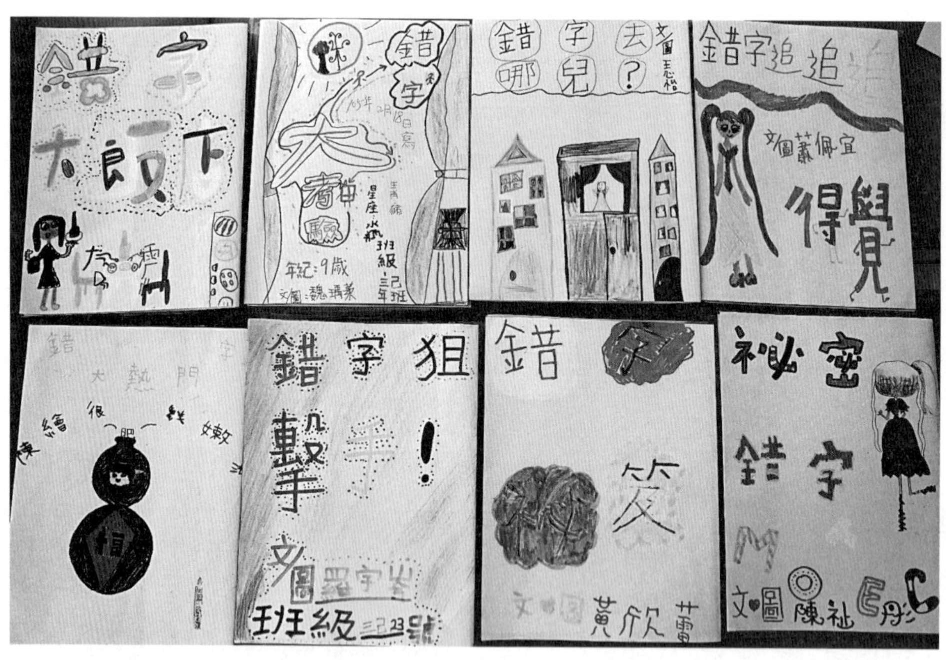

我告訴學生：這是全世界獨一無二的寶典！因為是自己取的獨特書名，還畫上了繽紛美麗的圖案，再收集你曾經寫錯的字或是你覺得很難的字，通通謄寫

在這裡。自己的《錯字寶典》封面與眾不同，裡面收錄的錯字也不會跟別人的一模一樣喔！所以，你應該為自己擁有這本簿子而感到無比驕傲，也要好好珍惜它。孩子一聽到可以自己發揮創意、製作這麼有趣的寶典，眼睛都亮了起來。他們想出許多很好笑的書名，像是錯字 motel、錯字民宿、錯字監獄、錯字狙擊手……。而且，每一位都迫不及待的想要去做這件好玩的事。

智琪老師的觀察

我從孩子三年級起便開始跟隨溫老師實習。一開始，我很好奇溫老師對孩子寫錯字的態度，迥異於一般老師的氣惱或無奈。當時還覺得溫老師是否太不積極了！只見她面對學生寫錯字時，非但不責備，也不雷厲風行的去嚇阻學生寫錯字的行為。直到現今，我全程觀摩她的教學過程，也聽她講述自己這些舉止背後的想法，這才明白溫老師的苦心與智慧。

打擊錯字的手法千萬種，但，前提都是包容、信任與尊重！溫老師並非不在意學生寫錯字，而是深知當師生關係尚未建立完善之前，改錯字並非重點。像是三年級上學期的教學重點在於如何引發孩子的文思，目標是讓他們不怕寫、喜歡寫，甚是大膽的寫。在這個過程中，老師必須包容並體諒學生寫錯字、語句不通順、邏輯不合理等表現。

過了半年之後，這部分的教學已見到成效，孩子也全然信任、喜愛老師。他們相信，溫老師總是會跟自己站在同一個陣線、永遠都會提供他們協助。學生不必擔心自己犯錯、不再恐懼他人評價……。當各方面條件皆已具備了，再來展開「改錯字」之類的下一波行動。別企圖一網打盡所有的教學重點，循序漸進的執行，不僅「事半功倍」，還能「贏得民心」，輕鬆創造親師生三贏的局面。

1-4 三節課 只教三個字：「老寶貝」

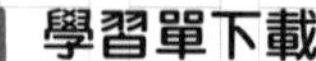

學習單下載

課文來源

三上康軒版國語課本〈老寶貝〉

教學內涵

閱讀策略：預測

教學策略

閱讀理解	手做			戲劇		資料（故事）		提問		摘述			五卡					影片／媒體
	繪圖	美勞	活動	人	偶	老師說	學生自讀或筆記	口頭問（＋小白板）	學習單（表格）	情節圖	心智圖	眉批	情緒識別卡	人物行動卡	性格特質卡	我的觀點卡	六星寫作卡	
							✓	✓	✓						✓			

延伸寫作	表格	話中有畫	稿紙	小書／剪貼	說／演
			✓		

❓溫老師這樣想

如果你問我：「溫老師，你怎麼安排五堂國語課？」我真的不知該如何回答才好。因為，光是一篇課文的預測就花費了三節課，你要我該怎麼跟你說？可是，你敢因為這樣就質疑我沒上到國語課嗎？你能說我沒先教生字，所以學生的學習成效就會比較差嗎？……為什麼你不敢？因為，我們的學習很有「料」啊！而且，這都是真才實學，非常扎實的喔！

善用「預測」，學生的學習會更好

「預測」策略到底可以發揮到什麼程度？在課堂上或應用在課文時又該如何執行？透過這樣的教學，學生能交出怎樣的成績？最後，師、生又各有什麼樣的收穫？上述疑問，這三堂扎實的「國語課預測」，或許可以提供示範、解說，讓大家再思考。

讓學生討論，可強化「預測」的效果

今天是開學的第一堂課，學生尚未做任何預習。我認為這個時候，〈老寶貝〉這篇課文非常適合進行「預測」策略的教學。一般來說，預測可以很簡短，當成簡介課文的開場白。但是，我想要深化、組織化、條理化這項策略。因此，必須要幫學生搭「鷹架」和派「工作」，才可能有戲唱，並且唱得精采。

溫老師如何教

既然是「預測」，那麼，我們在課堂上就先別打開課本找答案。要求學生收起課本，先由老師在台上講解、帶領孩子展開一場與字詞聯想的尋寶遊戲。

步驟❶ 課文標題提供方向指引

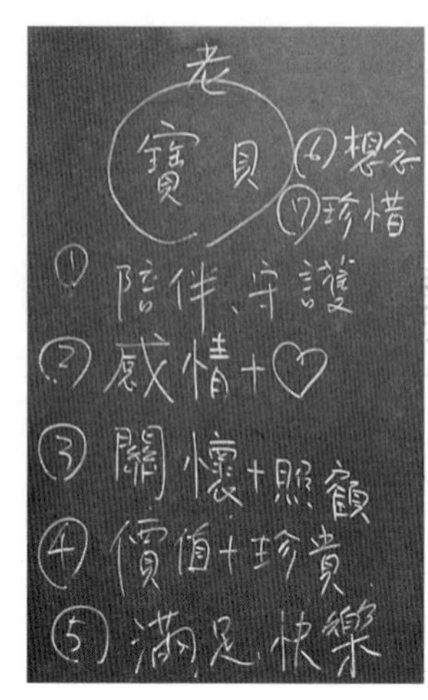

從課文標題來發展預測的策略，通常能讓學生更快速的掌握到課程重點。

如果你不看課文內容，光看標題「老寶貝」，你會想到什麼？為什麼？

丟出上述提問之後，我跟學生說出自己的感受，讓他們有所參考：「溫老師想到的是老、寶貝、老寶貝這三組字和詞。我想，你一定也會對它們有感覺與想法。」以下是我帶領他們發想時提出來的一些問題。

- 你對「老」有什麼直覺的感受？負面？正面？理由？爲什麼？有什麼週遭經驗可以補充說明？
- 「寶貝」呢？你有什麼東西稱做「寶貝」？爲什麼稱做「寶貝」？它對你有麼特殊意義？
- 「老寶貝」呢？跟「老」會有什麼不同？你會怎麼定義「老寶貝」？如果你有老寶貝，你會想怎麼處理它？如何對待它的晚年？爲什麼你想用這樣的方式？這樣的方式我們都能接受嗎？

步驟❷ 用三樣學具構築探索的鷹架

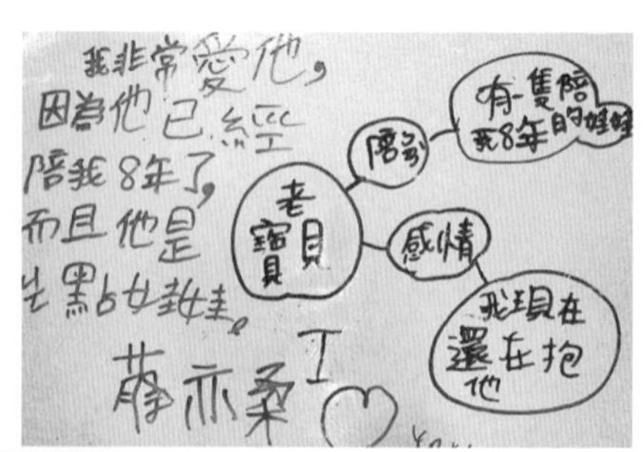

光靠口頭提問還不夠。孩子沒法像大人一樣能定下心來，在對答之間很快就抓住對話內容的要點。我們得幫孩子搭建一個思考的鷹架，而這個鷹架的最佳材料就是三種學習輔具。

情緒卡＋便條紙＋小白板＝思考與發表的鷹架

我方才丟給學生們的問題，對這種年紀的孩子來說會顯得太抽象了，怎麼把那些提問轉化做實際的教學成果？我推薦大家運用孩子摸的到、看的見的情緒卡來輔助這樣的提問過程。

此外，我們還需要激發孩子去講出有內容的理由；這時候，便條紙就能派上用場。至於想讓孩子寫出更清楚的想法，小白板則是不可或缺的好學具。

步驟❸ 讓學生有機會發表自己的想法

小學三年級的孩子通常還沒有機會去思考「生老病死」的議題，〈老寶貝〉這篇課文倒是提供一個讓他們初次嘗試的機會。或許你會擔心，帶領孩子去發掘自己對於「老」的感受，這樣的目標似乎是遙不可及。不過，實際操作卻發現班上的學生並沒有經過長久討論，就一個又一個的搶著拿卡片、發表自己對卡片上的字詞提出自己的想法及理由。

負向的情緒卡 VS 學生的想法

- 孤單：大部分的老人都很孤單，就像我阿嬤一樣很孤單。
- 無奈：因為老了就會生病、生氣；生氣就會變得越來越老。一天一天過去了，時間是無法控制的，所以我覺得很無奈。
- 無力：大部分的老人常常生病，生病就會很無力。
- 丟臉：我覺得老會讓我很丟臉，因為頭髮變白又有皺紋，很醜。
- 煩悶：因為老代表快要走了。有些老人因為要走了，所以覺得很煩悶。
- 焦慮：我會為我變老而焦慮、難過。因為變老就沒有樂趣，沒人陪我了。
- 羨慕：因為年輕人走路很快，我很羨慕他們。
- 不耐煩：老會讓我覺得不耐煩，因為老人都會一直講同樣的事。
- 空虛：因為老就不能玩，所以我會覺得空虛。
- 絕望：老了如果生病，很可能會死掉，你的人生就這麼結束了，大家會很傷心，讓人很絕望。

正向的情緒卡 VS **學生的想法**

- 舒服：我覺得老會讓我舒服。因爲可以在家很舒服，而且可以「sleep」。從小到大的每個回憶，永遠是我的寶貝。
- 自在：因爲想去哪裡就去哪裡，也可以常常出國。
- 愉快：因爲老這個字聽起來是很久沒有看過的東西，所以很好奇，就會覺得很愉快。
- 自信：老，可能會經過很多冒險，就會讓人覺得很有自信。
- 痛快：因爲老了沒有上班，想要去哪就去哪，我覺得很痛快。
- 滿足：老了可以當阿公、阿嬤，可以抱抱自己的孫子。

步驟❹ 與學生進行字義的超級比一比

接著，老師跟學生進行一場關於「老」的正面、負面感覺超級比一比。從上述發表結果來看，我們可一窺孩子們對於「老」這個概念的各種想法與感受。為什麼負面的感覺或多於正面的呢？是周遭所見所導致的思考嗎？還是說，我們的社會普遍對於「老」也是抱持這樣的想法？還有，我們對「老」有所準備了嗎？

天真的孩子直言不諱，卻不經意點醒一項事實：我們是如何看待「老去」這件事呢？如果這是每個人必經歷程，且是在高齡化社會不得不面對的事實，那麼，我們能否讓孩子從小就不怕變老，並能在日後的人生過程中快樂、優雅、自在的老去呢？

步驟❺ 請學生換個立場思考可培養同理心

透過上述的超級比一比，孩子對於「老」這個字有了鮮活、深刻的印象。接著，我就引導他們去思考，如果自己也有個「老寶貝」，它的下場（晚年）會是如何？你會如何處理它？

- 「老寶貝」這三個字給你的直覺是什麼？爲什麼？
- 你會想要如何處理你的「老寶貝」？使用的方式是什麼？理由爲何？
- 哪種方法適合哪些老寶貝呢？爲什麼？
- 你選用的這些方式具有哪些優點？

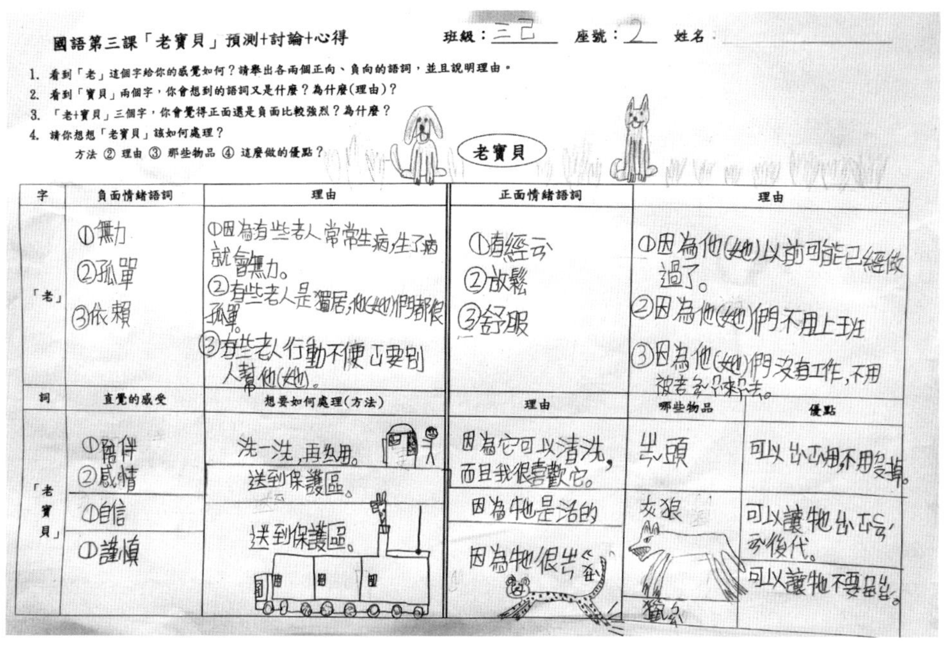

國語第三課「老寶貝」預測+討論+心得　　班級：三己　座號：2　姓名：

1. 看到「老」這個字給你的感覺如何？請舉出各兩個正向、負向的語詞，並且說明理由。
2. 看到「寶貝」兩個字，你會想到的語詞又是什麼？為什麼(理由)？
3. 「老+寶貝」三個字，你會覺得正面還是負面比較強烈？為什麼？
4. 請你想想「老寶貝」該如何處理？
　方法 ② 理由 ③ 那些物品 ④ 這麼做的優點？

老寶貝

字	負面情緒語詞	理由	正面情緒語詞	理由
「老」	①無力 ②孤單 ③依賴	①因為有些老人常常生病，生了病就會無力。 ②有些老人是獨居，他(她)們都很孤單。 ③有些老人行動不便ㄒㄩ要別人幫他(她)。	①有經ㄧㄢˋ ②放鬆 ③舒服	①因為他(她)以前可能已經做過了。 ②因為他(她)們不用上班 ③因為他(她)們沒有工作，不用被老[illegible]。

詞	直覺的感受	想要如何處理(方法)	理由	哪些物品	優點
「老寶貝」	①陪伴 ②感情	洗一洗，再ㄕˇ用。	因為它可以清洗，而且我很喜歡它。	ㄓˇ頭	可以ㄔㄨㄥˊ用，不用丟掉。
	①自信	送到保護區。	因為牠是活的	灰狼	可以讓牠ㄔㄨ生後代。
	①謹慎	送到保護區。	因為牠很ㄓㄣ貴	獵豹	可以讓牠不要ㄇㄧㄝˋ絕。

提到寶貝，似乎「老」這個字眼就不再只限於人類專用。所有的物品都可能是我們的寶貝，而這些寶貝都會變舊也就是變老。擴大層面之後，老師希望孩子開始更聚焦去思考「老寶貝」晚年或末日。這雖然是件很殘忍的事情，卻是人人都要面對的課題。

你可能是被處理的「老寶貝」，也可能是處理者。不過，現階段的孩子離老年還很遙遠，他們當然是處理「老寶貝」的人。所以，我想要從他們的角度出發，激發同理心，或是升高層次來思索這個議題。孩子開始提問出以下問題。

- 「『直覺』是什麼意思？」
- 「可以是別人的寶貝，我可以幫他想怎麼處理的方法嗎？」
- 「有可能是活的，會動的，例如：獵豹、熊貓…也有可能是木乃伊，不會動的，對不對？」

透過師生之間的問答，孩子也慢慢理出頭緒，知道有些像古蹟一樣需要處理的老寶貝也可能會是我們國家的寶貝。

最後，孩子們針對處理方式的回答出現了：蓋一個墳墓、找個箱子、洗乾淨再送給需要的人、弄漂亮再賣掉，或者是送到博物館、保護區、動物園、植物園……，這些五花八門的想法可真是有意思！

步驟❻ 動手做筆記是有效整理重點的好方法

上述的討論活動都還只停留在片段的思考與發表。整整兩節課，學生忙著提問、討論，然後把答案寫在自己的小白板，講台的黑板也非常熱鬧。在這些活動中，其實只有寫筆記的步驟最能看出學生學習的實質成效。透過手寫的動作，能促使他們回溯上述各項步驟中由大家齊力挖掘出的內容，並自行從中整理出重點。

在小白板上面做筆記。「寫筆記」是整理重點最有效的方式。

學生很忙碌。那麼，我在這兩節課到底上了什麼？自己又參與了哪些？我設計了一張表格，再利用一節課的時間，請孩子一一填寫表格裡各項提問的答案。

步驟❼ 透過學習單來理解課文

到此為止，我們雖然已經上了三節課，學生卻連課本都還沒拿出來。不過，我相信他們一定掌握了課文的精隨與哲理。你或許會問「何以見得？」因為，這篇課文就是在講述一位火車站的站長，他如何正視老寶貝（火車頭）的價值。課文中這個功成身退的火車頭紀錄了歷史軌跡，再加上它與當地人的情感濃厚，這樣的物品並不是沒有意義的鐵塊，也值得所有人去追思與紀念。所以，課文終段寫到，大家最後讓老火車頭再度站上不同的舞台（文物館），讓它繼續發光發熱。

回家功課＝課文理解學習單＝分段課文＋情緒＋理由

當孩子拿到這張學習單的時候，我相信他的閱讀不再只停在課文描述的表象，而是能夠心神領會故事情節中蘊含的道理。尤其是課文描述這個老火車頭一開始擔心自己的下場，最後獲得新生而變得開心了，這樣的情節呈現了「老」與「老寶貝」之間的差距。

老，極可能讓故事主角遭到被丟棄的命運。但，因為它是「寶貝」，經歷過光榮歲月，也有值得存在的價值，它在年輕時期的努力與影響，是無法被其它事物取代的，因此老火車頭在最後自己拯救了自己。

三、老寶貝 (課文分段)	火車頭的情緒 (參考情緒列表)	為什麼你會這麼說？ (理由與證據)
濃濃的白煙由遠而近，一臺老火車頭慢慢開進車站後，停了下來。站長走過來，看著他說：「老寶貝，你辛苦一輩子，可以休息了。」	放[illegible]、難過	(放[illegible])可以[illegible]習 (難過)不[illegible]在工作
老火車頭在車庫裡，望著進進出出的旅客，心裡想著：「我這一輩子載著遊客來來往往，如果能讓我當乘客，來一回真正的旅行，那該有多好！」	希望、[illegible]	(希望)可以[illegible] ([illegible])可以出去[illegible]行
有一天，車庫外來了一部大吊車，十幾個人同心合力，花了五～六個小時，把老火車頭吊掛到平板車上。他坐上車後，聽見站長高聲說：「我們送老寶貝去一個好地方！」	[illegible]、期[illegible]	([illegible])可以去別的地方 (期[illegible])不知[illegible]要去[illegible]
第一次坐車，行走在公路上，老火車頭有點緊張，心裡想著：「我一輩子都沒有和軌道分開過，還真有點不自在。」他看著身旁大大小小的車子，覺得一切好像都會變得和以前不一樣了。	[illegible]張、[illegible]怕	([illegible]張)有點[illegible]怕 ([illegible])[illegible]裡會不會可怕
車子終於來到目的地，老火車頭被安放在文物館裡。每到假日，都有許多人來這裡參觀。有這麼多人陪著老火車頭，他好開心。	得[illegible]、快樂	(快樂)大家[illegible]他 (得[illegible])讓大家看[illegible]他
這一天，老火車頭發現一個熟識的身影從遠處走來，他看見站長帶著孫子，一步一步的走向他。站長對孫子說：「小寶貝，你看看，穿著黑色的外衣，又高大又神氣的他，就是爺爺的老寶貝。」孫子看看老火車頭，又看看站長，笑著說：「我也有好多爺爺送我的寶貝呀！	感動	(感動)因為站長[illegible]他

●如果你是老寶貝(火車頭)被這樣處理對(文物館)，你喜歡嗎？為什麼？ 不喜歡，因為不自由

●請你幫老寶貝寫一封短信，說明被放在文物館之後的 1.心情　2.感謝站長的話

很開心，很多人看我　謝謝站長陪我

溫老師的叮嚀

「預測」策略只是個「前菜」，尚未真正進入課文教學的「正餐」。不過，這項策略絕對是讓教學進入狀況的最佳方式。至於要採用哪種方式來進行預測？你可以依照不同需求來調整。

現在我們多了「三卡」、情緒列表、性格列表、便利貼和小白板，這些學習輔具不僅能讓老師減少口頭解釋，也能立即活絡課堂氣氛，很推薦老師大量使用這些學具。

另外，我們也可從這三堂課的預測教學，看出上課的「眉角」就在於教材深度解構、教學輔具的應用、活潑的學習氣氛，以及提供學生思考的機會。如果老師看不到教材的深層意涵，充其量就只能向學生解釋課文，不斷的填鴨制式答案或是灌輸（複製）資訊。如果老師確實看到了教學重點，那就要透過活潑的教學方式與合宜的教具將之實現。

最後，我要再三強調的是學生能否持續去思考、辯證的歷程。如果學生懂得主動思考，並且養成了「寫作」或「筆記」的習慣，長期下來，學生怎可能會不優秀？老師上課怎能不酣暢淋漓？

Part 2

文體&寫作形式

課文是學習寫作的
絕佳材料！不同文體擁有不同的
特色與寫作技巧。我們透過閱讀，可以
模擬作者的寫作思維以及他所運用的
寫作技巧，還能從中延伸出擴寫或
改編等實際練習。

2-1 三合一語文教學，揮別趕進度夢魘

學習單下載

課文來源　三下康軒版國語課本〈我要給風加上顏色〉

教學內涵　認識告示、寫物技巧

教學策略

閱讀理解	手做			戲劇		資料（故事）		提問		摘述			五卡					影片／媒體
	繪圖	美勞	活動	人	偶	老師說	學生自讀或筆記	口頭問（＋小白板）	學習單（表格）	情節圖	心智圖	眉批	情緒識別卡	人物行動卡	性格特質卡	我的觀點卡	六星寫作卡	
	✓					✓		✓	✓						✓			

延伸寫作	表格	話中有畫	稿紙	小書／剪貼	說／演
	✓	✓			

? 溫老師這樣想

學校事務那麼多，要教的課程內容卻不少；再加上期中考即將來臨，上不完的進度該怎麼辦？身為老師，難免會出現必須遇到趕課的情況。此時若問教國語的國小老師，你認為課文與統整活動哪個重要，相信大部分老師會說「當然是課文囉！它是帶領孩子認識文章、理解內容的重要材料！」因此，當老師要趕課時，統整活動這個單元就經常被匆匆帶過，甚至整個捨棄。

事實上，統整活動與課文的重要性旗鼓相當！統整活動以簡短篇幅介紹描寫景物之類的語文技巧，或闡釋何謂語病的概念，如果老師只是匆匆解釋一下就結束，這些技巧或概念對孩子來說就像浮光掠影，無法在心中留下半點痕跡。想要孩子對這些技巧與概念有所感，那就只有讓他們去實踐、練習！

「但是，如果要深入每個單元我就會教不完呀！」你可能會有這種苦惱。每個老師都有進度壓力，我是如何處理這個問題的呢？訣竅就是在教學內容一次結合兩者，以課文為題材，在文本裡頭套入統整活動單元介紹的概念或技巧。這種方案省時，還能讓學生獲得實際練習的機會。

溫老師如何教

〈我要給風加上顏色〉是一篇新詩。內容闡述風既看不見，且無形、無色，我們若能為各種風塗上顏色，便能看見它的外型與表情，並且體會它的速度與心情。而課本裡的「統整活動二」，內容正好是「寫物的方法」、「認識告示」，教學內涵分列如下。

1. **寫物的方法**：教導孩子一種「寫作技巧」，應用在此次教學，能訓練孩子描寫能力。

2. **認識告示**：教導孩子去探究「文學形式」，可讓孩子創作「風 party」的活動通知單。

風的名稱 綽號	性格/姿態	顏色	請為風寫一首詩歌 (外型、特徵【樣貌、姿態】、專長、做的事情)	別人對這種風的評論 (情緒反應、文學想像)
春風 徽風 溫暖的陽光	親切、貼心、友善		我非常親切，我就像溫暖的陽光一樣，我非常愛好和平，不會用暴力解決事情。	你就像那在天空上溫暖的太陽，也是一位愛好和平的風。
秋風 [illegible] 智多星	冷靜、保守、獨立、友善		我很冷靜、保守、獨立，我也很友善，另外我也很聰明。	你很愛看書，不會支持任何在戰鬥的一方。
[illegible] [illegible] 霸主	粗魯、剛強、冷酷無情		我是風界裡第二強的，因為龍捲風實在太強了，我只能做他的手下。	你本來是最強的，但你竟然輕視了他，自從他把你一隻眼睛打壞之後，我就只能位居第二。
龍捲風 暴風 暴君	狂暴、抓狂		我就是以武力拿下江山的「龍捲風」，也就是風之王。	今天就是爭搶風之王位置的時候了，誰要來和我打？

學生填寫學習單，自己創造出幾種風的角色，還要寫出每一種風的特色、自我介紹與他人評價。

針對這樣的課文題材，我決定要舉行一項名為「風 party」的寫作活動，讓各種類型的風齊聚一堂，介紹自己的特色也接受別人的評價。我設計了三張學習單：「設計風 party 通知單」、「風 party 繪畫區」、「風的特色／自我介紹／他人評價」，並請孩子將之黏成長長的一份。

這樣子，我們就能深化並延伸「課文」的內涵，再佐以「文學形式」和「寫作技巧」，讓學習變得省時、充實又有趣！

步驟❶ 計劃「風 party」創意寫作活動

在自然生態裡，有許多各種形式的風（北風、微風、龍捲風……），每種風各有特色，也帶給人不一樣的感受。如果各式各樣的風齊聚一堂，那會發生什麼事呢？每種風會呈現什麼顏色、什麼姿態，擁有什麼樣的性格？它們各自代表什麼顏色？

我在課堂上描述各種風的特性與威力，並藉由風的性格、綽號、像什麼之類的提問，說學逗唱引發孩子們的想像力。只見全班踴躍發表想法，孩子更是恨不得快點拿到學習單以便盡情揮灑點子。

步驟❷ 深化「風 party」的寫作層次

接下來，就配合統整活動二來深化寫作的層次。「寫物的方法」提到描寫靜態及動態事物的方法。風的流動正好可讓孩子應用「動態描寫」的內容。我將課本提到的樣貌、姿態、動作等要點，融入學習單讓孩子實際練習。另外，學習單裡面也有充裕的欄位空間給孩子做彩繪。這份學習單除了滿足孩子們的創作慾望，還能協助他們把腦袋裡的想法轉換成畫作，亦可輔助他們練習如何將圖像再化為文字創作。

步驟❸ 製造孩子自主學習的需求

孩子有了願意做的動機，接下來就配合「認識告示」的單元，要求他們寫一篇公告「風 party」活動通知單。

就像你新買一台電器的時候，你會為了要知道怎麼用它而去參考說明書，孩子有了「必須瞭解」的需求，自然就會去看課文，試著讀懂、消化課文內容，並且加以實踐。如此一來就達到了自主理解並主動運用的學習效益。學生自己看過並實際做了一次，效果肯定要比老師單方面不斷講述、解釋來的更好！

有了「風 party」通知單、繪畫欄、描述各種風的特質的介紹欄位，這一輪的學習顯得豐碩、飽滿。我們一次就上完三個單元的內容，卻沒有一個單元被忽略、遺漏，這種教法多有效率又實用！

智琪老師的觀察

同一份學習單，每個孩子卻可寫出截然不同的內容，呈現多元又豐富的個人風格。他們的「風 party」作品，讓人邊看邊哈哈大笑。我讚嘆每個孩子獨一無二的想像力，也著迷他們充滿童心又可愛的表述方式。每個人心目中的風 party 都活靈活現，自己讀著讀著，彷彿也回到孩提時代，踏進童話裡一幕幕的精采情節。

溫老師的學習單魔力即在於此，緊扣教學目標，但又給孩子發散思考的空間。跳出「什麼是對、什麼是錯」的思維窠臼，每個孩子都能透過學習單的實作來「做自己」。你永遠無法預想他們隔天會交出什麼作品又跳脫日常邏輯、超乎你的想像。每次看著每個孩子的成果，就是我最享受也最感動的一件事！

學生的習作作品

完成的這三張學習單，最後還需要黏在一塊，才算是完成！

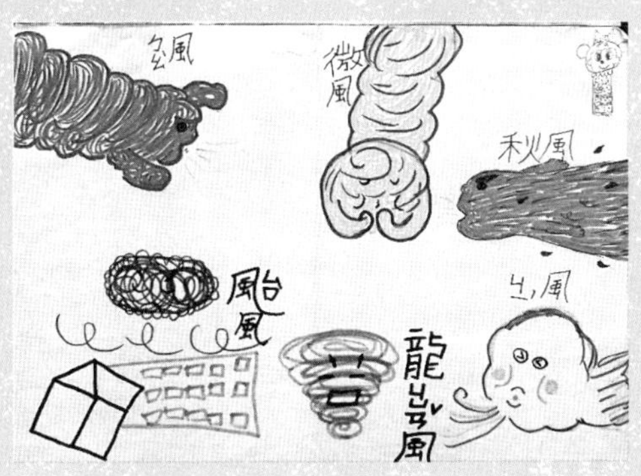

2-2 下標練習，掌握文章的重點與脈絡

學習單下載

課文來源

三下康軒版國語課本〈追風車隊〉

教學內涵

摘述段落重點、學習如何下標題

教學策略

閱讀理解	手做			戲劇		資料（故事）		提問		摘述			五卡					影片／媒體
	繪圖	美勞	活動	人	偶	老師說	學生自讀或筆記	口頭問（＋小白板）	學習單（表格）	情節圖	心智圖	眉批	情緒識別卡	人物行動卡	性格特質卡	我的觀點卡	六星寫作卡	
	✓						✓		✓									

延伸寫作	表格	話中有畫	稿紙	小書／剪貼	說／演
	✓				

❓溫老師這樣想

每次要學生寫作文，他們就哀嚎不知該怎麼下筆？要學生寫課文摘要，他們常會找錯重點？

其實，我們可透過閱讀課文來增進孩子們的寫作能力。只不過，這需要策略才會奏效。這回我們就從標題與句號來掌控文章的骨架。

用標題的概念來讀課文

出現在文章或段落前頭的標題，不僅濃縮了內容，也是吸引人繼續閱讀的關鍵。一個「好標題」必須先理解文章、找出重點，再將之轉化為精彩的文句。若套用這樣的概念來教孩子如何「閱讀」課文，學習就可一次達到這種效益：理解課文、歸納重點、創新詮釋！

這能力若移植到「寫作」領域，孩子就能更有意識的去掌控文章「內涵」，而且「不離題」。

用句號來解析課文架構

句號也有令人意想不到的妙用：只要試著去找出段落裡頭每個句號的功能，它就能幫助我們理解課文。例如，〈追風車隊〉有四段課文，我們讓孩子去尋找每個段裡頭的「句號」，其實會促使他們去察覺那些隱藏在整篇文章以及每段課文裡頭的寫作脈絡。

透過下標活化閱讀

當孩子瞭解到一篇文章裡可分成不同的段落層級之後，就可以很清楚的找出各個段落的重點，也能為這些段落下標題了。孩子在思考標題的過程，不自覺便達到了「深度閱讀」與「創意閱讀」的目標。

溫老師如何教

〈追風車隊〉是記敘文，此次教學焦點是要讓孩子察覺「段落」與「句號」的關係。

透過這種階層性的策略閱讀，孩子不但理解課文、瞭解文章架構與每段重點，當他們遇到類似的作文題目時，還能立刻就知道該如何下筆。

步驟❶ 課堂教學與全班共作

假設課文是大段落，這個大段落的標題就是「追風車隊」。接著，帶領孩子找出文章裡的中段落與小段落。課文的四段內容也就是所謂的中段落，引導他們找出隱藏在每段課文（中段落）裡的那些小段落，再請他們一一回答這些大中小段落的重點。

然後，老師再示範如何把課文重點轉化成標題，並且讓學生也試著練習同樣的步驟。

找出《追風車隊》課文裡的大中小標

大段落：全篇文章

中段落：文章分 4 段（此篇為例）

小段落：每個中段落再細分成幾個句子組合而成

<table>
<tr><td></td><td colspan="2">大標題
（整篇文章標題）</td><td>追風車隊</td></tr>
<tr><td rowspan="16">大段落：全篇文章</td><td rowspan="3">中段落 1</td><td>小段落 1</td><td rowspan="3">追風車隊」是由許多喜歡騎單車的朋友所組成，因為我們一家人都喜歡騎單車，所以也加入了車隊。「每到假日，大家一起騎著單車出遊，我們拜訪過許多好玩的地方，看過數不清的美景。上個星期，車隊裡的林叔叔說，要帶大家去一個「私房景點」——百花谷，我們聽了都非常的期待。</td></tr>
<tr><td>小段落 2</td></tr>
<tr><td>小段落 3</td></tr>
<tr><td rowspan="4">中段落 2</td><td>小段落 1</td><td rowspan="4">星期日早上，大家在社區廣場集合後，就迎著微風出發。這一次的路線，是沿著河濱公園的自行車專用道，一路從市區騎往郊外。清晨的陽光，輕輕的，柔柔的，照得人暖洋洋的。道路兩旁不知名的小花小草，被陽光照得亮亮的，看起來精神飽滿。路邊樹間不時有小鳥飛來飛去，忙個不停。我笑著說：「早起的鳥兒有蟲吃，這些鳥兒一定吃到大餐了！」</td></tr>
<tr><td>小段落 2</td></tr>
<tr><td>小段落 3</td></tr>
<tr><td>小段落 4</td></tr>
<tr><td rowspan="3">中段落 3</td><td>小段落 1</td><td rowspan="3">在平整的道路上騎車很舒服，斜斜的影子映在路上，好像一幅有趣的剪影。迎面而來的風，把我們的汗都吹乾了。車隊裡有人開始唱著：「追逐風追逐太陽……」大家也跟著唱了起來。</td></tr>
<tr><td>小段落 2</td></tr>
<tr><td>小段落 3</td></tr>
<tr><td rowspan="3">中段落 4</td><td>小段落 1</td><td rowspan="3">「百花谷」是什麼樣子？是不是真的有一百種花？帶著想像，我們像一支移動的樂隊，向著神祕的目的地前進。希望追風車隊永遠別停下來，讓我們能一直跟著車隊的好朋友們，欣賞不同的美景，感受各地的風情，享受生活中的好滋味。</td></tr>
<tr><td>小段落 2</td></tr>
<tr><td>小段落 3</td></tr>
</table>

步驟❷ 回家實作與練習

我設計了一份學習單作為回家作業，讓孩子們建構出課文中第一、二個中段落，以及當中每個小段落的標題。旁邊還附帶一個畫圖的欄位，讓他們畫出每個小段落的意境。

步驟❸ 三部曲：課堂討論與修正

此次回家作業，有許多孩子混淆了「下標題」與「摘要重點」的寫法。這個結果早在我的意料內，因此在課堂上再次強調下標題的條件：下標題並不只是濃縮段落的「重點」，而是要轉化成吸引人且琅琅上口的「標題」。如果你歸納出該段課文的重點是「集合地點」，那麼，我們可以發揮想像力，轉換成不脫離原意但卻更吸引人的標題「微風出發」。

重新強調之後，我讓孩子在課堂上練習一次。這次就沒讓孩子再回頭改先前自己為課文第一、二段下的標題，而是繼續往課文裡的第三、四大段來進行標題的修正。

當我針對孩子共同的癥結開了這麼一帖特效藥，孩子們的標題創作也慢慢進入狀況，同時也切切實實領會到下標題的精髓！

步驟❹ 四部曲：思考表白與監控系統的建置

溫老師絕不會因為孩子們獲得領悟便滿足。經歷這一次的教學，接下來請孩子回頭檢視自己做的事有什麼意義與價值，讓思考、表白就像是拿一塊鏡子反照自己的內心，使事件背後的意涵更加清晰。於是請孩子們在課堂中回答老師在黑板寫下的這六個問題。

1. 爲什麼溫老師要上這堂課？（從大段落→小段落）
2. 你現在知道「記敘文」長怎樣了嗎？
3. 爲什麼要幫段落下標題？
4. 學習「下標題」對你之後閱讀有什麼幫助？
5. 學習「下標題」對你以後寫作有什麼幫助？
6. 你喜歡用這種方式讀課文嗎？爲什麼？

除了清楚自己的所作所為，寫作也讓孩子得以重整思緒，使他們對此次課程做一個反芻、結構化的總結。相信他們以後看到了記敘文或是一篇文章的標題，會更有感覺，甚至在寫文章時，也能時時自我檢核自己所寫的內容有無做到這些層面。

用觀點卡來教課文

在課堂中對「下標題」的要點有了認識，也嘗試做下標的練習，請寫下你對「下標題」這件事抱持的觀點。

觀點列表		我的觀點
正向觀點	我期待，因為…	
	我喜歡，因為…	
	我同意，因為…	**我同意**下標題的教學能讓我們更理解課文，**因為**要想到一個貼切的標題，就必須先把內文讀懂，避免「牛頭不對馬嘴」狀況發生。
中立觀點	我認為，因為…	**我認為**下標題很不容易，**因為**還要考慮「吸引人閱讀」的因素，得要很有梗才行（但也不能偏離主題）！
	我想問，因為…	
	我推斷，因為…	
	我預測，因為…	
	我的結論是，因為…	
反向觀點	我質疑，因為…	**我質疑**「把標題寫得很長」的做法，**因為**這樣不能讓讀者一眼看出內文的重點。
	我不同意，因為…	
	我討厭，因為…	

「下標題」與「做摘要」的不同層次

摘要雖能幫助孩子把一段文字做內容整理與歸納的動作，但它仍逃脫不掉是「別人的東西」的桎梏。而下標題就不一樣了！它不只要孩子理解、歸納課文裡的句子，還要將「別人的東西」轉譯、創造成「自己的產物」。所以，透過這種下標題的練習，我們可以一次就讓學生增進閱讀與寫作的雙重能力。

「下標題」教學的超級效益

1. 了解文章中大段落、中段落、小段落的關係。
2. 了解留意文章中的標點符號。（中段落裡面也可以有句點）
3. 課文的理解→歸納重點→欣賞創造。
4. 孩子之後看到一篇文章，更能敏感到標題的存在意義。
5. 簡潔的、創意的方式提示文章內容。

1. 學習單中的畫圖使他們享受在其中，做學習單更加愉快。
2. 啟發創造，當孩子們構思出一個不一樣的標題，將感到成就感。
3. 欣賞標題的美以及標題與文章的關聯。

1. 學習區分段落與句子。
2. 學會標點符號在文章段落中的應用。
3. 學習下一個好標題的技巧。
4. 應用標題，去理解文章的內容。

智琪老師的觀察

這堂課看似只聚焦在寫標題，沒有教其它重點，因此表面上看起來似乎沒有什麼績效。但，孩子們在練習寫標題的過程，必須先去理解、歸納課文，再解構課文、重組出新的寫作形式。

這個歷程不需老師一次次下指令：「來，我們現在來歸納課文重點！」學生在破解「下標題」任務的關卡時，自然而然就會做到這些事情了！溫老師的國語課從不會向學生灌輸很多觀念，反而一次又一次徹底實踐每個概念。孩子們在實際練習的過程當中，心中所留下的印記真是最寶貴的成長禮物！

學生的習作作品

在步驟❷的回家作業，大多數學生還未能掌握「下標」與「摘要」的差異。以下是學生試著自行幫第一段課文裡的每個小段落下標的兩則處女作。

案例	老師評析
第一段標題：追風車隊 第一段第一句小標題： 車隊介紹 第一段第二句小標題： 車隊出遊去 第一段第三句小標題： 車隊的天堂	這名孩子有稍微抓到「標題」的意思，但可惜的是，他卻沒有深入琢磨，讓自己下的標題變得更「吸引人」。
第一段標題：美景大勝收 第一段第一句小標題： 家人爲何要參加車隊 第一段第二句小標題： 拜訪美景 第一段第三句小標題： 百花谷是私房景點	這名孩子的標題，只是非常平舖直述的寫下段落大意。

在步驟❸，學生經過回家練習與課堂上的再次講解，即使練習標的不同，仍可從他們寫出的標題感受到他們正逐漸掌握如何下標題的思維與寫作技巧。

案例

第三段標題：歡樂的路程

第三段第一句小標題：

有趣的影子

第三段第二句小標題：

自然的吹風機

第三段第三句小標題：

移動樂隊

老師評析

完全跳脫原本的小段落內容，轉化為更趣味精彩的標題，吸引人想繼續看下去！

第四段標題：追風車隊，別停！

第四段第一句小標題：

漂亮百花谷

四段第二句小標題：

加油！追風車隊

這名孩子在學校修正的標題更加正向，能感受到車隊的熱血！

2-3 仿作，讀課文也能吸收到寫作精髓

學習單下載

課文來源　三下康軒版國語課本〈大自然的美術館〉

教學內涵　解構遊記手法

教學策略

	手做			戲劇		資料（故事）		提問		摘述			五卡					影片／媒體
閱讀理解	繪圖	美勞	活動	人	偶	老師說	學生自讀或筆記	口頭問（＋小白板）	學習單（表格）	情節圖	心智圖	眉批	情緒識別卡	人物行動卡	性格特質卡	我的觀點卡	六星寫作卡	
								✓	✓			✓						

	表格	話中有畫	稿紙	小書／剪貼	說／演
延伸寫作	✓				

溫老師這樣想

你的學生經常向你反映不知道自己該寫什麼才好？身為老師的你也不曉得自己該如何幫助學生寫出作文？ 其實，模仿寫作（簡稱「仿作」）是一帖良藥，專治師生之間「不知如何落筆」、「不曉得該怎麼教」的症狀。

以課文為仿作的題材，帶領學生去分析內涵，並透過先後有序的教學步驟，引領他們逐步深入，最後就能透徹理解文章的組成要素。當孩子經過這樣的思維訓練，要進行仿作的時候就有了下筆的方向，即使再沒有想法的孩子，也能照著這樣的邏輯寫出文章。

這種教法也能讓老師變得輕鬆。我們在檢視學生作品時，因為先前已經帶領孩子去分析課文、讓他們知道一些寫作相關的概念，所以，這時就可以使用孩子也能理解的方式來溝通。例：這篇作文還缺少哪些手法、你可以如何修正？……仿作為師生樹立了寫作的參考準則，讓雙方溝通也不再處於灰色地帶。

溫老師如何教

或許你會質疑：「仿作會不會淪為抄襲？」、「仿作是不是像古代的八股文一樣，會箝制孩子的思考能力？」其實，仿作對於正處於學習階段的孩子來說，是提升語文能力的絕佳鷹架。不過，老師得先釐清楚仿作到底在仿些什麼？要仿到什麼程度才不會淪為抄襲？怎樣做才能仿出新創意？還有，老師要如何讓學生接受這項訓練，並發揮成效？在此跟你分享一套共有 5 個步驟的「仿作教學三部曲」，讓你可以輕易仿製教法、學生也能夠因此輕鬆、快樂的寫出文章。

仿作首部曲——尋覓合適素材

什麼樣的素材適合模仿寫作？其實，仿作要模仿的是「寫作手法」，因此，我們要找條理清晰、段落分明且有規律的文章。〈大自然的美術館〉以第一人稱介紹野柳，道出作者對此地的情感，並帶入優美的文學想像，是一篇兼容客觀說明與主觀情感的「半說明文」。而且，這篇文章的段落安排很有規律且不跳 tone，這樣的文章是讓小三孩童學習「寫作手法」的適當材料。

仿作二部曲——發掘寫作手法

接下來的三個步驟，由老師逐次引導孩子去發現：作者在文章一開始先點出他要講述的大景點（野柳），並以句號作結；接下來形容野柳裡面的各個小景點，或描述作者自己對這些小景點的感受。透過解析，孩子領悟到作者竟然是如此有組織的去安排段落內容，因而讓文章條理分明；而且，作者還能加入細節做進一步的說明，讓這些景點栩栩如生。

步驟❶ 師生共同朗讀課文並分析每段內容

這裡必須一段一段的引導孩子去分析每段重點。首先，第一段帶出作者要描寫的主要地點（野柳）及該地與作者的關係。接下來的第二、三、四段，描寫內容都聚焦在野柳裡的小景點，如野柳岬、女王頭、燭台石等。這些小景點的描述字句還融入文學想像與作者的個人感受。

第五、六段則描述作者喜歡在這些景點做的事情，並以適量的事實與文學想像來結尾。透過這樣的過程，孩子就能察覺到各段應用的寫作手法以及作者想傳遞的訊息。

步驟❷ 用螢光筆標出「文學想像」的語詞

由於這篇文章的作者在描述每一個景點時都融入文學想像。所以，我帶著大家一起念完課文之後，就請孩子用螢光筆標示這些字句。這樣的動作，有助於學生發現「文學想像」的詞句隱藏在文章的哪些位置，並進而留意作者描情寫景的句子與手法。

步驟❸ 讓學生自己找出課文的寫作邏輯

1. 作者用了哪些特別的方式（以前沒學過的方法）來描寫景點？

例如，在段落後面留下層層提問，可加深讀者的感受。或者，文章裡有描述「大浪」撲打燭台石的景象，是利用「周遭事物」來描繪出景點本身特色的一種方式⋯⋯。提醒孩子這些方法也能納入自己的文章中。

2. 課文裡面有哪些運用標點符號的技巧？

每段落內容中間都會有一個句號，為什麼一大段還要用句號分為兩小段？句號之前的句子與它後面的句子分別在講哪些重點？

步驟❹ 讓學生練習為每段課文寫下標題

延續之前「下標題」教學（參考本書第 46 頁，「下標練習，掌握文章的重點與脈絡」），我在講完每一段課文的寫作手法之後，就讓孩子各自展開工作。孩子要統整我提點的手法與段落重點，並將之創造成一個「小標題」。下標題工作能讓孩子將老師所提到的課文重點做註解，對各段落留下更深刻的印象。

仿作三部曲——實際練習仿作

上述四項任務讓孩子學著如何琢磨出課文的各種表現手法，這些手法是他們先前意想不到、也不曉得可以應用的。但當孩子停留下來留意這些細節時，讀課文的動作就不再只是浮光掠影的無感過程，而是能夠吸收到作者寫作精華的晉級之路！

步驟❺ 將課文裡的技法套入自己熟悉的議題

為讓孩子能更具體明白如何應用這些寫作手法，我帶他們共同思考這樣的手法要如何套用到「自己的校園」？我們先從大地點「南大附小」開始，一段段的描述每個小景點，如樹屋、國父銅像、高大的玉蘭花樹……。接著再融入課文裡運用「以問句作結」、「以旁邊事物描寫景點」等寫作技巧。隨著老師的提問，孩子逐步將自己在附小的生活點滴納入這篇課文的寫作架構，並寫出一篇仿作。

1. 列出課文的寫作順序：我自製一份寫作單，裡面列出課文段落，並點出每一段運用的手法。要孩子參考課文，並根據老師指定的手法，以「南大附小」為題，仿作一篇文章；而且，這篇文章還要下大標題與小標題喔。
   由於寫作單讓寫作的過程變得有系統、有步驟可循，孩子們只要照著這樣的邏輯，就能將自己實際生活的校園，用老師指定的手法來描述，輕輕鬆鬆就完成一篇作文！
2. 回頭看看自己要寫的方向與手法：讓學生回頭看看自己下筆的方向，以及自己選用的寫作技巧＝仿作練習帶來思考的能力！

明確的課文分析以及寫作單的練習，讓老師很容易就偵測到這孩子的作文缺了哪些元素，學生也因為可以照著學習單上頭的提示，一點就通。也就是說，每當孩子猶豫自己接下來該寫些什麼的時候，他可以參考課文的寫作手法、看看課文是如何描述景物的。

這樣的仿作教學，去除「老師講不出讓學生寫更好的依據，學生也不懂老師要他做什麼」的困境，讓寫作思緒擁有一個可以層層攀升的鷹架，教學內涵也變得更有深度。

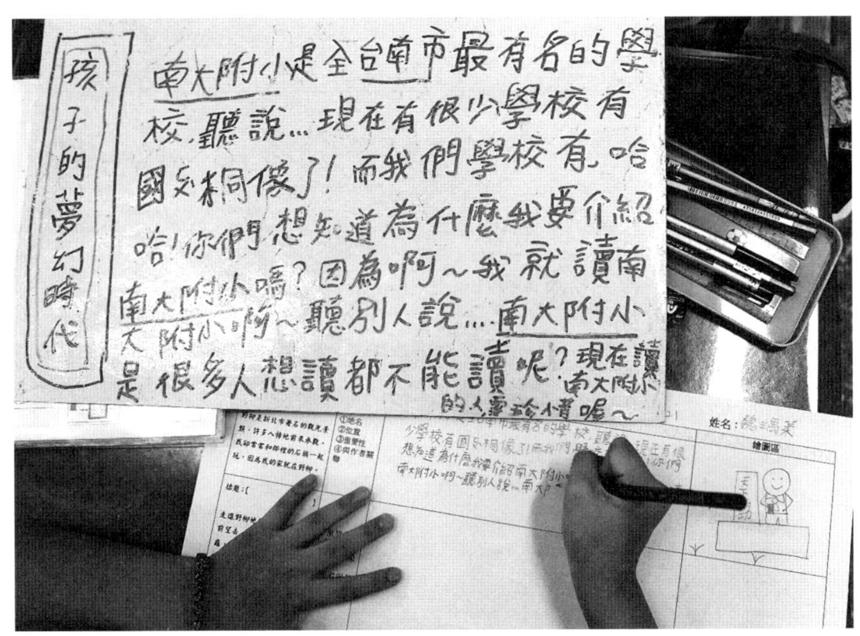

學生在賞析課文之後的省思

解構完課文，正式進入仿寫之前，當然要來看看孩子學得如何？

簡單看了孩子小白板上的心得分享，其中幾位孩子寫道：

學生一：

今天溫老師教了我們怎麼把一句話分析，和標點符號的運用，也教了我們它的用途、意思，還教了我們用文學想像來介紹景點的方法。有的順序是先說文學想像再說真實事件；也有的是先說真實事件再說文學想像，所以寫作有很多方法。

學生二：

今天老師教了我們如何去介紹一個景點，我從來沒有這種經驗。我們以第九課〈大自然的美術館〉來練習。如果是要介紹南大附小，我的主題應該是孩子的快樂天堂。老師讓我們去下標題，例：最愛的遊戲、高貴的女王……。我在這課學會了如何介紹一個景點和如何下好標題！

用觀點卡來教課文

觀點列表		我的觀點
正向觀點	我期待，因為…	
	我喜歡，因為…	**我喜歡**老師列出每一段的「手法」讓我們仿作，**因為**這樣我能清楚知道每一段要寫的重點是什麼，文章便好寫多了。
	我同意，因為…	
中立觀點	我認為，因為…	
	我想問，因為…	
	我推斷，因為…	
	我預測，因為…	
	我的結論是，因為…	**我的結論**是寫這份仿作作業讓我覺得很享受，**因為**「手法提示」讓我知道每段要寫什麼；「繪畫區」讓我寫到累時可以先畫圖，轉換一下心情。
反向觀點	我質疑，因為…	
	我不同意，因為…	**我不同意**每篇文章都用仿作的方式，**因為**除了模仿好文章，我們也該練習自己創造好文章！
	我討厭，因為…	

課文原文	手法	南大附小(仿作版) 南大附小快樂天堂	繪圖區
標題:【野柳是我家】 野柳是新北市著名的觀光景點,許多人特地前來參觀,我卻常常和那裡的石頭一起玩,因為我的家就在野柳。	快樂學習學校 ①地名 ②位置 ③重要性 ④與作者關聯	在臺南有一個歡樂笑聲天天在的地方,來猜猜看,以下是我的題式①在台南樹林街②全台南最古老學校—南大附小!那是有120年歷史喔!那大門態壯舞,走進去就代表今天要好好讀書,你知道我為什麼知道這些事嗎?因為我正是南大附小的學生。	
標題:【海灘上留下的仙女鞋】 走進野柳地質公園,遠遠向前望去,野柳岬就像一隻烏龜,靜靜的趴在海邊。小時候,我最愛聽奶奶說仙女和野柳龜的故事,你看,那邊不正是仙女留下來的「仙女鞋」嗎?	早上的太陽 ①重要景點1(事實) ②文學想像+動作 ③作者與景點1的故事 ④問問題	往右邊看,就是「朝陽樓」,朝陽是早上太陽的意思,那是能讓大家看表演、比賽和練習東西的地方,下大雨時,男生就到這打球,完全忘記在下大雨,好像又多了一個太陽,記得有一次我陪姐姐上羽球,我發現他們很吵,但一點也不會吵到我,原來是空間夠大,聲音傳不到角落,真是好設計,我想是因為能傳到所有地方吧,妳們覺得呢?	朝陽樓
標題:【永遠站直的女王】 再往前走,就是最著名的「女王頭」,她已經站在這裡四千多年了。高貴的女王微微揚著頭,她是在聽著海風的輕唱,或是在看著天邊的飛鳥,還是在等待著遠方的船隻?	①重要景點2(事實) ②文學想像(擬人)+動作 ③問問題	朝陽樓一旁就是大家放學的好夥伴—「榕樹」,大大的榕樹樹枝往外長,好像媽媽的手,張的好大好大,要抱我們的感覺,大人都在那邊放學、等媽媽爸爸、親人,有一次,我上完材一班等媽媽時,等媽動會,那個氣門要充氣,可是電被用掉了,無法充氣,氣門沒氣倒下來,因為頭被拉到,被警衛伯伯罵了一頓!那榕樹有時像媽媽的手,有時像躲太陽的大雨傘,還有時像我們的玩伴?	

智琪老師的觀察

以往,溫老師傾向讓孩子練習「擴寫」,也就是把課文主題用故事或更深刻的情意來延伸。這次則嘗試有系統的解構課文並練習「仿作」。但,溫老師很聰明的換了主題,把題目改成學生熟悉的「南大附小」。這可以避免仿作淪為抄襲,且帶有一定程度的挑戰。

其實,仿作訓練是磨練文筆的絕佳方式!孩子透過模仿作家的手法,等於獲得有跡可循的「寫作鷹架」,因而有能力去嘗試創作更成熟的半說明文。誰說國語寫作不能像數理教學那樣地「程序化」、「系統化」呢?只要洞悉課文的寫作手法,並將之清楚傳授給孩子,你將發現他們很快就掌握寫作訣竅!

2-4 學生當偵探，老師教課再也不費力

學習單下載

課文來源

三下康軒版國語課本〈油桐花 五月雪〉

教學內涵

課文預習與統整、油桐花生態理解

教學策略

	手做			戲劇		資料（故事）		提問		摘述			五卡					影片／媒體
閱讀理解	繪圖	美勞	活動	人	偶	老師說	學生自讀或筆記	口頭問（＋小白板）	學習單（表格）	情節圖	心智圖	眉批	情緒識別卡	人物行動卡	性格特質卡	我的觀點卡	六星寫作卡	
		✓				✓	✓	✓							✓			

延伸寫作	表格	話中有畫	稿紙	小書／剪貼	說／演
			✓		

? 溫老師這樣想

在我的課堂從來沒有所謂教室管理的問題，因為學生都很忙。但是，他們忙得很快樂，也忙出了讓人讚嘆的成果。我的祕訣就是「派任務」，在恰當時機指派合適的任務。當然，這些任務要看起來很有趣，才能吸引孩子樂於執行，而且，所有的任務都不能脫離課文。這次，以同一篇課文規劃出兩階段的兩項任務，達成「閱讀理解」與「延伸寫作」的雙重目標。

指派任務勾出孩子的學習動力

第一階段教學要讓孩子讀進課文的內容，並且同時理解課文的寫作手法。我只花了約十分鐘跟孩子討論、說明，剩下就是他們執行任務（圖文創作）的自主時間。雖然剩下的時間很短，導致任務只能變成回家作業；但是，很多孩子到了下課時間仍欲罷不能，回家後也都樂意繼續執行任務（做回家作業）。讓任務兼顧「主動求知」與「趣味藝術」，就能成功引出孩子自主學習的動力，哪還需要師長在旁不斷苦口婆心呢？

留點餘裕讓孩子提升寫作能力

對孩子而言，寫作可是件苦差事；既花時間又花心思，還可能陷入靈感枯竭的狀態。其實，老師不必急著看見學生的成果，而是在過程中適時給予協助，並且不斷給予正面鼓勵，讓他們維持對寫作的熱情。孩子對寫作萌生興趣後，你會發現自己教課越來越輕鬆。像是我帶的南大附小三年己班，從下學期開始，真正講課的時間越來越短，但這群孩子寫作的產量卻越來越大、思路越來越寬廣；而且，他們的作品類型包羅萬象，每件都讓人愛不釋手。其實，正因為老師教的時間變少了，孩子才會有更多時間去發想、創作，尤其全班一起在教室工作，相互刺激，成長更快！

溫老師如何教

〈油桐花・五月雪〉是一篇很典型的記敘文，內容夾雜對「油桐花」的生態習性說明與對花兒的抒情。我將教授一篇課文的五堂課分成兩個階段：閱讀與寫作。

在閱讀的階段，我第一個思索的重點是：「如何讓語文活起來？」「如何讓孩子承擔活化語文的工作？」既然〈油桐花・五月雪〉這篇文章在文學想像之下暗藏了許多油桐花生態線索，那麼，就乾脆讓孩子當個「小偵探」，自己找出課文裡「生態」及「文學想像」的。

溫老師這樣教閱讀

下述的學習任務，兼具「主動求知」與「創作趣味」。我只負責發問、引導，答案則要靠孩子自己尋找。若照以往教法，老師站在台上提問、點名學生回答，這很難確定每個孩子是否都已理解，也沒有提供主動求知的學習機會。所以，我除了規劃團體發表與討論，還發下圖畫紙讓每一個孩子將他自己理解到的課文內容，轉化成以圖畫為主的圖文創作。這不僅兼顧美術與文學，孩子也為了完成創作的任務，像個小偵探般來回偵測、比對課文，甚至尋找裡面提供的圖像線索。這樣讓孩子「自主預習」方式，策略性的讓孩子讀懂課文了！

步驟❶ 找出桐花的生態資料及優美句子

第一堂課，我請每個學生都準備紅色與藍色的螢光筆；接著，將課本翻到〈油桐花・五月雪〉的頁面。用紅色螢光筆標出課文裡面關於桐花的外型特徵、種植地、開花期等等「生態」的說明性資料；用藍色螢光筆標出以「文學想像」描寫的句子。

步驟❷ 展開桐花圖鑑的創作

第二堂課，每人發一張四開圖畫紙，請孩子把課本油桐花的生態資料、文學描寫轉化成圖像，並在旁用文字附註說明。通常，我講解完畢，這節課大概只剩下半小時左右，這樣的時間當然不夠讓孩子完成一張桐花圖鑑的圖文創作。但我們可在課堂上一起確認這個圖鑑要怎麼呈現。若孩子仍不確定該如該如何呈現，你可以拿一些動植物圖鑑的專書，或是圖文並茂的科普類雜誌到現場，當成解說的教具。

步驟❸ 回家自行完成創作任務

下課之前，老師發放關於油桐花的參考資料，用來補充課文內容不足的資訊，並請孩子回家後繼續將這些資料轉化到他先前創作的那張四開圖畫紙。

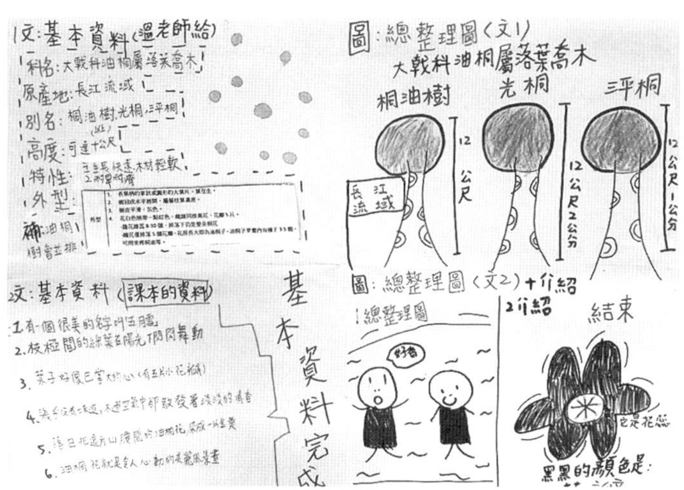

溫老師這樣教寫作

當孩子讀懂課文、也根據課文線索製作出自己的「油桐花圖鑑」，接下來，執行一場名為「桐花寶寶萬里尋親記」的創作活動。希望藉由創作故事的過程，增進孩子對油桐花的情感，也同時強化相關的寫作能力。

說到故事，尤其是冒險故事，小三的學生必定興致勃勃，但若要他們自己動筆寫一篇，那可就不知該從何下筆了。沒關係！我在孩子創作故事的全程，除了開始會給予引導，還會適時給予孩子必要的協助。

溫老師給孩子的寫作協助

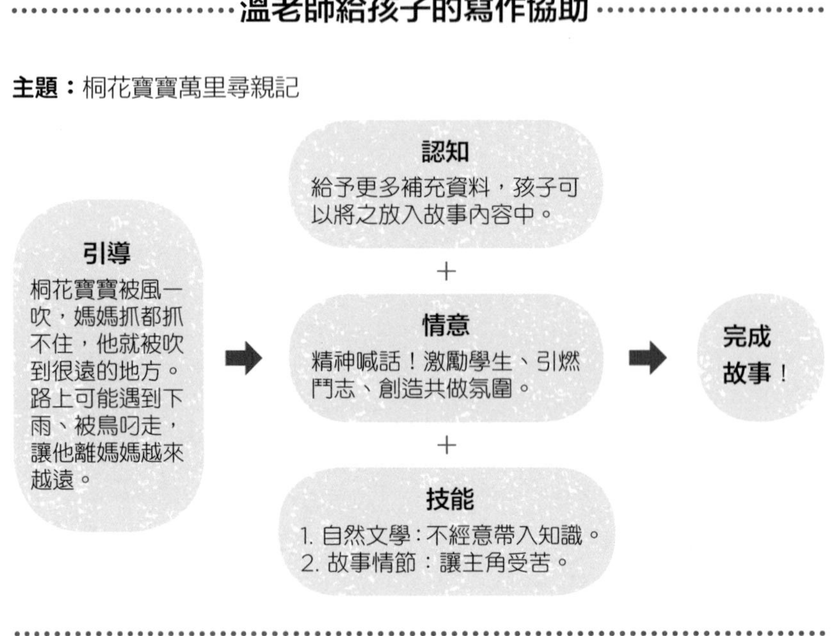

步驟❶ 引導：推動情節想像

我先用戲劇化的口頭描述，引發孩子的想像力：「桐花寶寶被風一吹，媽媽抓都抓不住，他就被吹到很遠的地方。在這段過程，桐花寶寶可能遇到下雨、被鳥叼走等情況而讓他離媽媽越來越遠。」先為故事起個頭，孩子更能進入情境做延伸想像，思緒才不會留在原地打轉，連文章的第一段都想不出來。

步驟❷ 認知：給予寫作材料

除了課文提到油桐花的生態知識及文學描寫，我還提供一份補充資料，讓孩子自行選用這些補充資料裡面的片段，並將之剪貼到自己的寫作紙。這些資料不僅讓孩子能有更多材料加入自己的創作，也擴大他們對桐花的認知範圍。這份材料是構築寫作的鷹架，包含了兩類內容。

形容花的語詞	
花開的美景	百花爭妍、鳥語花香、嬌豔欲滴、萬紫千紅、花團錦簇、簇錦攢花、奼紫嫣紅、五彩繽紛、花紅柳綠、爭妍鬥麗、恣意盛放、含苞欲放、奇葩逸麗、紛葩爛漫、妖嬈艷態、嬌豔動人、蘭薰桂馥、花香撲鼻、月滿花香、百花飄香、百卉含英、花繁葉茂、百花爭妍、鳥語花香、嬌豔欲滴、萬紫千紅、花團錦簇、簇錦攢花、奼紫嫣紅、五彩繽紛、花紅柳綠、 爭妍鬥麗、恣意盛放、含苞欲放、落英繽紛
花朵凋謝	慘淡、淒慘、凋零、落花冉冉、鮮花凋零

1. 增進文筆的詞彙：（如上表）列出幾個描述花開及花謝的語詞，老師再針對學生不懂的部分進行解釋。比如說跟孩子解釋花團錦簇的「簇」代表很多五彩繽紛的花聚集在一起。
2. 強化描寫深度的資訊：提供油桐花的基本資料，以及生長環境、台灣植物垂直分布的資料，可幫助孩子更具體的描寫出桐花寶寶跟媽媽走散之後的沿途景象。

孩子創作的故事有了這兩項材料，文句就能變得更優美，並且融入更多自然文學的知性色彩，孩子也更能了解油桐花的生長過程，並進而產生愛惜的心情。

步驟❸ 情意：激發寫作動力

我給孩子三天的時間來寫這篇故事，有時讓他們在課堂上寫，也可以帶回家寫。當故事寫到一半的階段，我先花一節課的時間一一檢驗他們的表現。一篇篇讀出每個孩子的作品，然後補充他們在寫作上的優點。例如，有的孩子讓情節變得峰迴路轉，主角受盡折磨；有的孩子透過故事很生動的傳遞了知識，而不是死板板的直接寫出資訊；有的孩子則是非常的融入故事角色……。我在課堂上毫不吝惜的表現自己對這些內容的驚艷與讚賞。

為何要花這麼多時間與心力？因為，公開讚賞學生作品能讓孩子感受到自己被重視、被尊重。而且，千萬不要只讚揚表現頂尖的孩子，也要鼓勵那些較沒自信或是表現有進步的孩子。我也藉這個機會，順道提醒其他孩子如何讓文章寫得更好的技巧。只要公開讚賞每篇故事的優點，既能激勵到寫這篇作品的學生，還能讓全班都能具體明瞭「好」作品的條件，真是一舉兩得！

步驟❹ 技能：如「助燃物」般，提點寫作方法與技巧

上述的步驟，老師激勵孩子的同時也具體提到一些寫作技巧。我一一唸出這些作品的相關段落，以及裡面用了哪些寫作的技巧。我特別強調以下兩項。

1. 在自然文學上，要不經意在故事中帶入知識。例如，我們可以用「油桐花寶寶出生在沒有太高的山腰上」，取代「油桐花生長在低中海拔的山區」的制式表現。
2. 故事情節上，「讓主角不斷受苦」是讓故事精采的策略。主角克服一個困難後，馬上又有另一個出現，峰迴路轉的情節，最能吸引讀者繼續看下去。

由此可見，當寫作兼顧「認知、情意、技能」三者，孩子不僅能樂在其中，還能從中更加精進寫作技巧、豐富寫作內涵，就像齒輪一輪推著一輪，工作得以順利運轉。

智琪老師的觀察

這篇「桐花寶寶萬里尋親記」的故事，大部分學生都洋洋灑灑寫了好多面，也充分融入對環境的描寫、運用優美語詞去描述花景。為何教學能發揮如此成效？不只因為溫老師的「激勵」引發了學生的寫作動機，還有那些貼在寫作紙上的補充資料，讓孩子在寫的過程能很方便不斷回頭查看、從中選取可用內容。另外，全班共同寫作也形成了很好的學習氛圍，當所有人全神貫注的在寫，身在其中的學生也很難分心去做別的事。

而且，學生若有疑問，老師立刻就能為你解答。在整個寫故事的過程中，溫老師還會不斷巡視全班的作品，並且當場唸出寫得較好的案例供大家參考，讓每位孩子都能了解自己哪個地方可以再精進。這一連串的過程，造就了一則則的故事佳作。

學生的習作作品

〈桐花寶寶歷險記〉

風用力的吹呀吹，小花小草都被連根拔起散落一地，接著下了一場大雨。我是小桐，一個油桐花寶寶。我住在海拔 0 ～ 1800 公尺，大風把我和幾個妹妹吹到了河面上，也把我帶到了一個不知名的地方。

這一天，大風又開始吹，我被吹到了一棵大樹上，我一看到了綠油油的葉子，馬上說：「你是我的媽媽嗎？」榕樹爺爺說：「我不是你媽媽。」我有點失望。

我一直待在樹上，過了一會兒，一隻鳥媽媽來到了樹上。我問鳥媽媽說：「這裡是哪裡呀？」鳥媽媽說：「這裡是海拔 300 公尺，所以比較熱。」我傷心的說：「嗚，我再也看不到媽媽了，嗚嗚嗚！」這時鳥媽媽慢慢的把我叼了起來，帶著我飛往天空的另一端。

我躺在鳥媽媽身上，也看到了很多風景，例如：高山、大海和一架飛機。她細心的照顧我，也一定會給我水。我心想：「鳥媽媽眞好，會一直關心我，好像把我當成她的小寶貝。」

最後，鳥媽媽把我帶到了一棵樹上，把我放下來說：「附近應該可以找到你媽媽，你可以四處找找看。」過了一會兒，我突然覺得身上好像結了一層冰霜，好冷好冷。不好了！我快要凍僵了！突然寒風一吹，我又再次的飄落在河面上。此時有一隻山椒魚看到了我，於是把我帶上岸邊，她說：「咦，你是誰呀？我沒有看過你耶！難不成，你就是油桐花嗎？」我一聽到「油桐花」三個字，又更想念媽媽了。

這時我不停發抖著，也流下了傷心的眼淚，山椒魚說：「我不是敵人，我只是好奇地看著你而已。」「我覺得好冷好冷。」我說，他們把上拿葉子棉被給我蓋，讓我不再發抖，溫暖了起來。這時，我突然覺得呼吸不到空氣，他們馬上帶我到大樹上呼吸新鮮空氣，恢復了呼吸。

之後，強風先生又試著把我吹回家，可是，他不小心把我吹過頭了，把我吹到了城市裡。我一飄，就飄到了公園裡。這時，我被一腳一腳的踩過，身上美麗的花紋也慢慢消失了。

很快的，我身上都是滿滿的傷。就在這個時候，有個掃把把我給掃走，然後放到了回收車上，可是，這個人太迷糊了，把我放在回收袋，我和其他垃圾不是回收物呀！到了回收公司，他們又一個個用心的分類。我們這些垃圾又被帶到了垃圾場，有一陣大風吹了過來，把我吹到了海拔 1800 公尺——溫暖的家。這時，又是春天了，地球又變得很五彩繽紛，可是，我只是落花冉冉的死在媽媽的身旁。

2-5 改編課文，遊記變身爲精彩圖文誌

■ **學習單下載**

■ **課文來源**　三下康軒版國語課本〈拜訪火燒島〉

■ **教學內涵**　認識綠島、旅遊雜誌編輯

■ **教學策略**

閱讀理解	手做			戲劇		資料（故事）		提問		摘述			五卡					影片／媒體
	繪圖	美勞	活動	人	偶	老師說	學生自讀或筆記	口頭問（+小白板）	學習單（表格）	情節圖	心智圖	眉批	情緒識別卡	人物行動卡	性格特質卡	我的觀點卡	六星寫作卡	
		✓				✓	✓											✓

延伸寫作	表格	話中有畫	稿紙	小書／剪貼	說／演
				✓	

溫老師這樣想

說明文是陳述事實的文體，它簡單明瞭、不帶感情，一生注定無趣又不討喜。然而，這樣的「人生」難道真的沒有機會翻轉嗎？當然不！

首先，我們得先認識什麼是「說明文」。其實，說明文有著各式各樣的「包裝」，以下舉出小學國語課本裡最常見的兩種表現形式。形式一：包覆「人事時地物」的外殼，看似記敘文，卻不脫離「傳達了客觀事實」的陳述。也就是，說明文隱藏在文章裡頭，可能經由對話等方式不經意呈現出來。形式二：圖文並茂，用色彩繽紛或故事性的排版吸引孩子閱讀。像是一些適合學童閱讀的雜誌、百科全書、具教育意義的漫畫，其實都是這類的說明文。

這次，除了要讓孩子知道說明文長什麼樣，也帶領他們去檢視現實生活中它會以什麼形式出現？更進一步的，帶領孩子試著實踐其表現手法，創造新鮮的寫作素材，我將觸角轉向從說明文到雜誌編輯的寫作教學。

溫老師如何教

〈拜訪火燒島〉是一篇用遊記包裝的說明文，文章裡面有著充足的「事實」紀錄；因此，我選它當主體，規劃出「學習五部曲」，帶領學生學習將課文改編成純粹的說明文，再將課文裡提到的內容編輯成圖文並茂的雜誌報導。

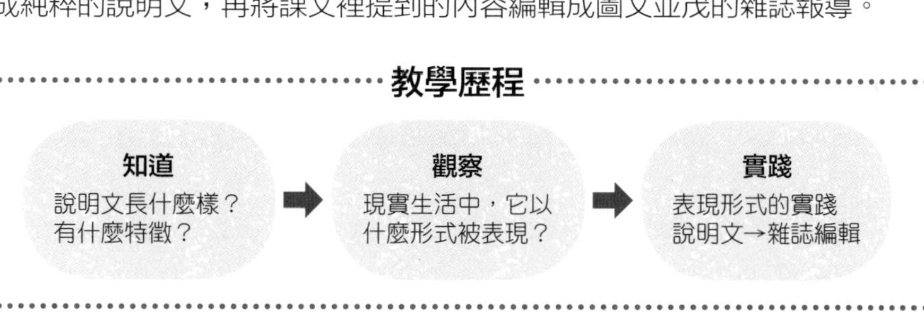

步驟❶ 首部曲：將記敘文轉換成說明文

讓孩子試著自己刪除〈拜訪火燒島〉文章裡提及人物、時間，或是帶有文學想像、情緒、感嘆詞等內容，留下來的「事實」也就是說明文的真面目。這項訓練不僅讓孩子學習將記敘文轉化為說明文，也間接讓他們學會「摘述課文重點」的訣竅。

步驟❷ 二部曲：了解說明類文章的特徵

當一篇文章只剩下事實陳述時，你會發現它非常生澀、無聊；因此，大部分的作者會將之轉化成各種形式。康軒版三下國語課本統整活動三「閱讀指導：讀懂說明類的文章」，介紹了說明類文章如何講解事實，常見的手法可分為以下兩大類。

- 明顯的標題：有一個主標題，主標題下還有小標題，標題很清晰明確的道出重點與主題。
- 多功能的圖表：有時僅有文字，很難清楚表達一個事實，若加上圖片補充、表格歸納整理，將幫助讀者更快速理解。

步驟❸ 三部曲：打造寫作鷹架一／瞭解說明文也能圖文並茂

請孩子們翻開〈台灣的山椒魚〉，那是一篇非常典型的說明文，有主標題、小標題、圖片以及表格來統整事實。這次就不著重課文內容了，只帶領孩子去專注觀察這樣的表現形式。當看到課文的案例之後，孩子就更能明白：原來，說明文也可以變成這種圖文並茂的樣子啊！

步驟❹ 四部曲：打造寫作鷹架二／觀察雜誌的圖文排版重點

課文只是基本款，另外還發給每個孩子一篇《未來少年》雜誌的報導。我還砸重金全彩影印這四頁的報導，目的就是要讓學生們親眼看看雜誌是如何編排，了解整個版面的色彩要怎麼搭配才好看。接著，就向孩子預告：我們來將「火燒島」的事實資訊，轉換成一篇雜誌報導般的文章吧！

步驟❺ 五部曲：完成寫作鷹架，讓學生試著當個小小編輯吧！

材料＋鷹架＋方向＝寫作的開始

溫老師讓孩子作的兩件事：

① 雜誌形式實作：將現有事實編排成雜誌形式。
② 天馬行空創造：綠島的未來能變成什麼模樣（蓋一個恐龍樂園、自然生態園區等）。

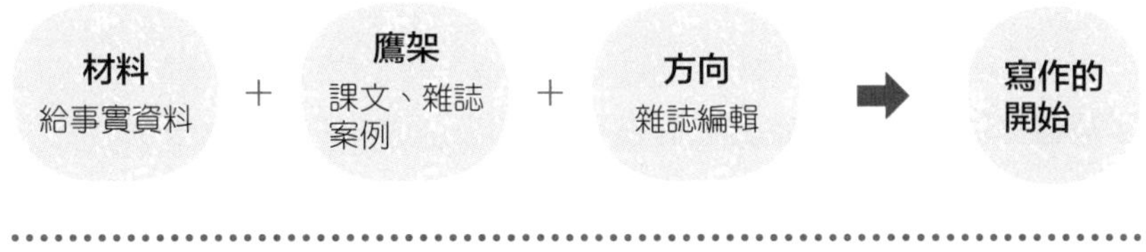

此次寫作教學的目標不在於磨練文筆，而是偏重在這過程當中的思考鍛鍊：孩子要學會如何統整事實性資訊，並且懂得如何將之編寫成為雜誌形式的報導。為讓孩子能專心執行「編輯」這項任務，我先找了一些關於火燒島的資料，並在課堂上發給他們，讓每個孩子都可以從這份資料直接下手。為何要幫學生找資料呢？因為，若要求這樣年紀的孩子自己查資料，又要求他們編排這些圖文資料，這只會讓學生手忙腳亂，往往結果就是這兩件事全都做不好！

孩子有了充足的材料（事實資料）、具體的鷹架（課文、雜誌案例）、明確的方向（雜誌編輯），寫作就如虎添翼了！以下是我要求學生在執行任務時要達到的兩個標準。

- 雜誌形式的實作：將現有事實編排成雜誌形式。
- 天馬行空的創作：讓孩子思考，他們所希望綠島的未來能變成什麼模樣（蓋一個恐龍樂園、自然生態園區等）。

一次教學，掌握三大利多！

1. 覺察到不同文體的差異與功能

將記敘文轉換成說明文的過程，讓孩子發現刪掉的「文學想像」、「情緒」、「人事時地物」是記敘文最重視的內容，保留下來的「客觀事實」即為說明文的主幹。孩子在轉換文體的過程可明顯看出兩者差異，以及這兩種文體的特色。前者較有人情味、較溫暖，但也較囉嗦；後者較冷漠、就事論事，但也一次說破重點。說明文與記敘文的功能不同，存在價值也不同。

2. 了解並操作特定文體的表現形式

雜誌是一種說明文的表現形式，本次教學就讓孩子聚焦在如何了解、操作這樣的寫作形式。

當孩子仔細去觀察雜誌的圖文呈現與內容元素，並試著實際套用在自己的創作以後，當他看到雜誌就會有感覺，也能自行觀察版面配置與色彩搭配，還有標題與內文的關係。

3. 雜誌式的專題報導任想像力馳騁

這次寫作的題目名為「未來火燒島」，讓孩子思考什麼東西可以有商機吸引更多人來綠島？

這個問題讓原本只強調事實的寫作活動，增添更多幻想的、美好的畫面。有孩子甚至針對現有景點去進一步思考未來可以怎麼開發，彷彿在為綠島作一番觀光規劃。這樣的思考訓練也很有意義呢！

智琪老師的觀察

我觀察溫老師的教學已有一段時間，這陣子最深切的體悟就是：溫老師跳脫課文要「一課一課教」的框架。以前我們在學習如何規畫教案時，總是先從課文去想這樣的內容可以帶給孩子什麼樣的學習目標。但溫老師的邏輯卻完全不同！她先設定好教學目標。以此次教學為例，目標就是要讓孩子認識說明文以及它的表現形式，並且親身實踐。接著，溫老師會根據這樣的目標，從各課甚至是統整活動裡面找出合適的文本，讓孩子能筆直的朝著教學目標前進。

而每次必有的寫作練習，對這種教學邏輯來說是不可或缺的必要元素！它是讓教學目標在孩子內心扎根的關鍵。寫作也就是實踐！它能統括整個教案的重點，讓孩子有機會去親自體驗，再加上挑戰學習任務之後帶來的滿足感，這是一般老師再怎麼口沫橫飛也無法帶給孩子的收穫。謹記：只有讓孩子親自做過了，他們才有所學、有所感呀！

2-6 課文大變身，商品與說明書的發想

學習單下載

課文來源　三下康軒版國語課本〈神筆馬良〉

教學內涵　故事解決歷程擴寫、解構說明書形式

教學策略

閱讀理解	手做			戲劇		資料（故事）		提問		摘述			五卡					影片／媒體
	繪圖	美勞	活動	人	偶	老師說	學生自讀或筆記	口頭問（＋小白板）	學習單（表格）	情節圖	心智圖	眉批	情緒識別卡	人物行動卡	性格特質卡	我的觀點卡	六星寫作卡	
	✓					✓	✓	✓			✓				✓			

延伸寫作	表格	話中有畫	稿紙	小書／剪貼	說／演
				✓	

❓溫老師這樣想

故事性質的課文除了「講道理」，還可以玩出什麼新的教學招式？除了深究故事內容，能否從中延伸出寫作形式的訓練呢？又，該如何透過這樣的教學去啟發孩子的創造力？

〈神筆馬良〉是很典型的中國寓言。寓言這種類型的故事，不外乎昭告世人「善有善報，惡有惡報」的道理，因此，角色的性格往往都設定成極善或極惡，以便凸顯宗旨。〈神筆馬良〉這則寓言也不例外。除了灌輸「好心有好報」的道理，結局也告誡讀者：如果像皇帝一樣貪心（貪求金銀財寶）的話，絕對不會有好下場。由於這篇故事暗示的意義非常顯而易見，即使不經說明，孩子都能輕易領悟。

於是，在引導學生講出這則故事要傳達的道理之後，便將教學焦點轉向「神筆說明書」的創作。

用商品說明書來教寫作

商品說明書是一種很常見的說明文，它透過清晰的分類來表達繁雜的產品資訊，並藉此凸顯產品特色。說明書雖然重要，卻往往被人忽略，甚至棄而不顧。所以，我想讓這種生活中常見到的語文形式結合國語課程，這個教案的思維架構如下。

1. 組織化：分解說明書的內容，觀察它的編排；最後，讓孩子練習試著去製作一本商品說明書。
2. 合理化：讓孩子感受說明書存在的意義與價值，將來在使用商品之前願意去研讀說明書。
3. 邏輯化：為每種編排方式找出背後的理由。例如，用表格呈現可讓重點變得一目瞭然。

這篇〈神筆馬良〉，課文裡提到了神筆；那麼，我們就從神筆來發想，將課文延伸成為商品文案的寫作練習吧！

溫老師如何教

想要把〈神筆馬良〉這篇寓言故事轉化成文體截然不同的商品說明文案，我們得幫孩子鋪設一道橋梁。這道橋樑的起點是課文，然後藉由孩子們的想像力來延伸故事內容，最後，再轉個彎，改變文體形式與主題，落到彼端的就是商品說明書了。我規劃了一套教學三部曲，透過 5 個步驟，涵蓋了課文理解到形式創造的整個歷程。

首部曲：課文的解構與理解

好故事通常擁有豐富的細節。我藉由尋找線索與提供內文佐證的策略，讓孩子能夠快速的理解課文內容，並且懂得如何利用不斷舉例的方式來加長故事。例如：可用「事件」或「角色心裡想的事」來彰顯角色的特質與專長。

步驟❶ 刻劃角色的線索，從課文裡找出

從「故事寫作手法」角度切入，請孩子依據段落內容來找出關於人物的特質、專長等線索。我也向他們提問：課文中用了哪些句子來證明以上線索呢？例如：第一段提到了「有個心地善良，又很會畫畫的小孩，名叫馬良。」這句告訴讀者主角的特質與專長。

接著我再舉課文內容來證明這論點，像是「他畫了一群小雞，老鷹就會飛下來；畫了一條魚，野貓就會圍過去。」這句則是證明馬良的繪畫技巧是如何的神乎其技。

講到貪心的國王，我們延續上一課〈巨人的花園〉探究的自私（參考本書第122 頁，〈給巨人的一封信，理解課文也理解他人情緒〉），請孩子比較自私與貪心的不同：「自私是不分享。貪心是東西夠用，但不僅不願分享，還想向別人奪取更多。自私不盡然是萬惡，但貪心真的很不好！」孩子剛上完「自私與分享」的課程，立即就能意會這兩者在程度上的差異，莫不大力點頭。

二部曲：延伸課文的學習單功課

在這篇課文裡，馬良教訓皇帝、化解危機的方法為：先用神筆畫出一片大海，大海中有一座小島，島上有一棵搖錢樹。當皇帝搭上馬良畫的船前往小島，馬良趁機畫出大風浪，讓船被吹得毫無蹤影，從此皇帝再也沒回來了。

步驟❷ 故事細節，我也來「參」一腳！

「如果你是馬良，還能用什麼方法來修理這位皇帝？」我請孩子發揮想像力，把自己的點子寫在小白板上。另外，我也提醒孩子盡量別設定讓皇帝死掉的結局，而是要讓他在得到教訓之後決定要當個好皇帝。孩子接獲這樣的指令之後就埋頭苦幹，在小白板又畫又寫，圖文並茂的說明自己的做法。這流程我們先在教室練習一次，接著再發一份學習單當成回家作業。我要求孩子完整寫下、畫下自己的想法。

孩子改寫歷程，除了得理解課文，還要動腦讓自己改寫的故事能跳脫原文框架，擁有不一樣的發展。至此，我們才算完成課文深究。

三部曲：說明文的教學與實作

接下來把教學焦點轉到課文提到的神筆，「讓我們來寫一份神筆說明書吧！」我請孩子化身為發明家，自行發想全世界獨一無二的神筆！「當然，我們並不是要做出成品，只是你畫出神筆的設計圖而已。另外，你還要說明神筆的功能、使用方法、注意事項等，製作一份神筆的說明書！」

步驟❸ 商品說明書，我知道有哪些內容

「在寫說明書之前，得要先瞭解說明書的內容與編排方式。」在正式展開教學之前，先以舉手發表、全班討論的形式請學生想想這份「神筆說明書」需要什麼內容。

全班七嘴八舌的提出諸如名稱、材質、特殊功能、使用方式等項目。當大家分享的差不多後，我再帶領孩子將這些零碎的項目進行分類。

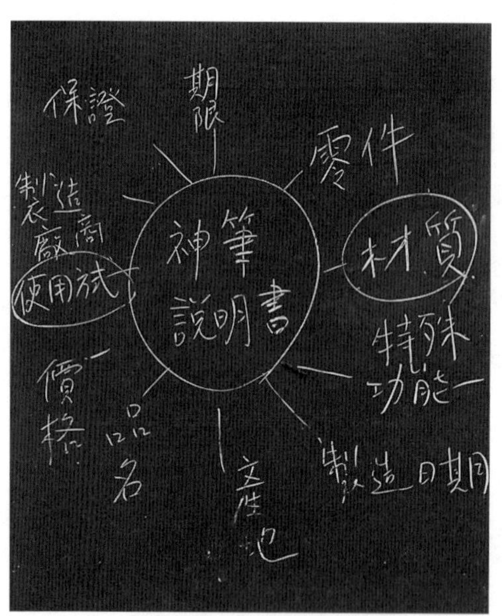

學生舉手發表說明書應具備的內容項目，老師一一紀錄在黑板上。

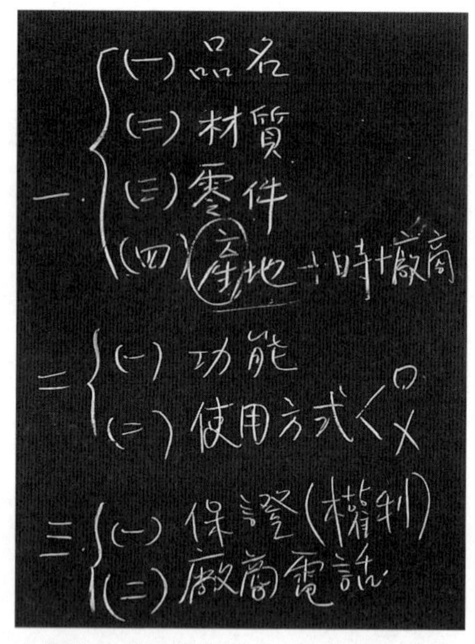

老師協助學生分類統整一份說明書應具備的內容。

用五卡來分析課文

<table>
<tr><td>主角／背景</td><td colspan="5">馬良／心地善良，又很會畫畫的小孩</td></tr>
<tr><td>事件</td><td>①馬良得到神筆</td><td>②馬良拿神筆來幫助窮困的人</td><td>③不肯給皇帝神筆，所以被皇帝關進牢裡</td><td>④假裝畫財寶給皇帝，皇帝受騙</td><td>⑤馬良繼續拿神筆幫助別人</td></tr>
<tr><td>反應【從課文對話中找線索】</td><td></td><td></td><td></td><td></td><td></td></tr>
<tr><td>情緒</td><td></td><td></td><td></td><td></td><td></td></tr>
<tr><td>行動</td><td></td><td></td><td></td><td></td><td></td></tr>
<tr><td>性格</td><td colspan="5"></td></tr>
<tr><td rowspan="2">我的觀點（融入六星級寫作）</td><td colspan="2">正向觀點</td><td colspan="2">中性觀點</td><td>反向觀點</td></tr>
<tr><td colspan="2">比財富更重要的事
我期待這篇故事能有更好的結局，也就是皇帝不必死而是學會教訓（事實），因為人生是一場無法排練的演出（想像），我們藉由不斷跌倒、犯錯（動作）來找出更好的路。我猜想，若皇帝獨自到無人島享盡榮華富貴，卻沒有回頭的船隻讓他回到家鄉，他會發現一個人很孤單、毫無目標可以追尋，擁有再多財寶也沒用，並感嘆（情緒）的說（對話）：「當我失去一切只剩財寶，才是真正可怕的事呀！」當他 20 年後再回到家鄉，便能領悟貪求金錢不是人生首要的追尋。</td><td colspan="2"></td><td></td></tr>
</table>

步驟❹ 說明書寫得好不好，我也會分析

選一張內容簡潔易懂的商品說明書，影印後發給全班。要求他們先自行閱讀說明書的內容，接著評論這份說明書的完整程度：「有哪些優點、缺點？你可以給製作說明書的人哪些建議？」讓他們將這些意見寫在小白板。等每個人都寫完了，先在小組內部分享自己想到的內容，接著再上台進行小組報告。

從未認真讀過，甚至因為覺得很無趣而想直接丟掉的說明書，孩子卻能透過靜心觀察，發現說明書原來也有值得存在的功用：幫助買者瞭解產品本身、使用方法與注意事項等。他們也意會到，資訊可以利用圖示或表格來呈現，這樣子，讀者會更容易理解。歷經課堂上的充分分析，孩子慢慢對於說明書的表現形式有了瞭解。

引導就緒後，便能參考這份真實的說明書案例，開始進行「神筆說明書」的創作。

步驟❺ 我的神筆說明書，全世界獨一無二

故事裡，用神筆畫下的東西都會變成真的事物。「那麼，那你設計的神筆有什麼很特殊或是很炫的功能呢？」我讓孩子畫出他發明的那支神筆的剖面圖和外觀圖，仿造說明書的形式來解說功能、使用方法等項目。

而且，我還要孩子們想辦法讓這份說明書能夠吸引讀者，讓人產生想買的慾望。聽到這麼有趣的創意作業，孩子各個摩拳擦掌，準備設計一支酷炫又便利的神筆。

課程進行到此，多了原先文體理解外的延伸創造，讓孩子有更多元的思考空間，還學習了說明文的另一種形式（說明書），真是一魚多吃！誰說語文教學只能循著課文內容打轉呢？

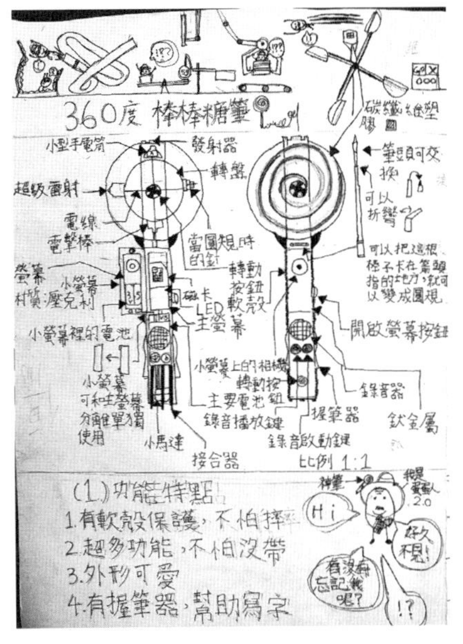

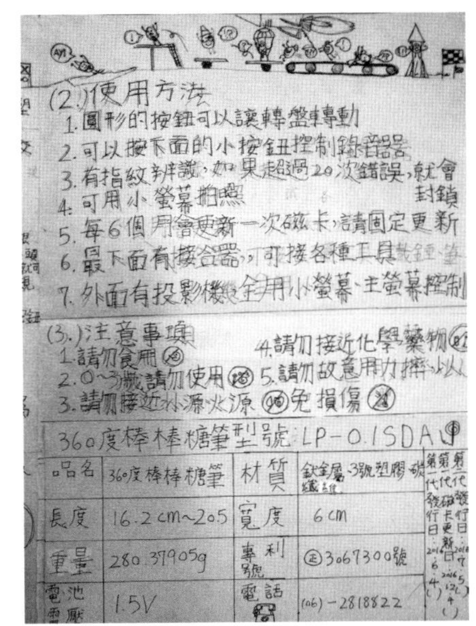

品名	360度棒棒糖筆	材質	鈦金屬、3號塑膠、碳纖維
長度	16.2cm~20.5	寬度	6cm
重量	280.37905g	專利號	㊣3067300號
電池電壓	1.5V	電話	(06)-2818822

智琪老師的觀察

在溫老師的教室能體現到：教學不該一次橫向擴張的向學生灌輸許多概念，而是應該縱向的挖掘，去深究一個概念或重點，接著再精闢的拆解、分析這個重點，讓孩子思考、理解，最後再讓學生實作、體驗。

以〈神筆馬良〉這課為例，學習焦點為「說明書的製作」。溫老師就用一份真的說明書，讓孩子看到說明書的真正模樣，並且指派任務，要求孩子認真的觀察這份說明書、討論其細節與要點，最後再自己做出一本說明書。如此循序漸進的深化過程，孩子還會對說明書無感嗎？就連在後座觀課的我也跟著仔細端詳說明書，這大概是我（也包括這些孩子）這輩子第一次如此認真閱讀說明書吧！當然，孩子也在這個過程中獲得獨特的學習經驗，因為這一生大概很少有人能像他們一樣「自己做說明書」吧！

2-7 奇妙捷運站，文字與戲劇在此交會

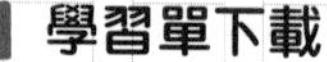

學習單下載

課文來源　三下康軒版國語課本〈不一樣的捷運站〉

教學內涵　刻劃故事人物角色

教學策略

	手做			戲劇		資料（故事）		提問		摘述			五卡					影片／媒體
閱讀理解	繪圖	美勞	活動	人	偶	老師說	學生自讀或筆記	口頭問（＋小白板）	學習單（表格）	情節圖	心智圖	眉批	情緒識別卡	人物行動卡	性格特質卡	我的觀點卡	六星寫作卡	
	✓			✓		✓		✓	✓						✓			✓

延伸寫作	表格	話中有畫	稿紙	小書／剪貼	說／演
				✓	

❓溫老師這樣想

進行這項教學時，我才剛帶這個班，孩子尚未習慣寫作這件事；因此，我選用多元的創作模式來吸引他們。尤其是在寫作加入畫畫的這一點，特別能降低孩子對寫作的恐懼，也才能讓他們感到手癢、興起想試一試的念頭。

當時，臺北捷運隨機殺人事件方才落幕，大家對於捷運安全特別有感。我也趁此時機，讓孩子把課文裡介紹的捷運站當成故事舞台，讓他們自己去創造一群在這裡伸張正義的英雄，這些英雄還千鈞一髮的破除了捷運系統的重大危機。手繪創作，再加上天馬行空的故事發想，正對了孩子的胃口！

好奇跟興趣，能引導孩子去親近國語文、樂於寫作。我認為，當孩子還不習慣寫作，甚至視為畏途時，師長不妨採取各種策略，想出有趣的誘因來促使孩子樂意試著去動筆。

溫老師如何教

這一次，我們不僅要「從課文長作文」，還要試著從課文內容延伸出故事的創作與舞台劇的表演！不管創作形式如何變化、想像空間會有多大，我們都得先從理解主題開始來搭建創作的鷹架。

「閱讀理解」教學三部曲

〈不一樣的捷運站〉是記敘文，點出南港捷運站因為擁有繪本列車與月台上的壁畫，所以和一般的捷運站不一樣。然而，課文只點出這壁畫很特別，並未深入談論它的「不一樣」到底會產生什麼影響。比如，捷運站乘客對這壁畫的評價如何？大家看到它的反應又是如何？文章因此有種尚未結束的感覺。有鑑於此，我規劃一套「閱讀理解教學三部曲」，除讓孩子更深切感受該捷運站的氛圍，還要求他們進行發散性思考，創造一則奇幻故事，以彰顯這個捷運站「不一樣」的秘密！

步驟❶ 首部曲：照片＋影片，更能融入故事場景的氛圍

先從課文的文句、南港捷運站的照片來感受這空間在現實生活中與其他捷運站的不同（南港捷運站有繽紛的壁畫），再搭配相關的簡介影片，讓學生深入體會南港捷運站的氛圍。

步驟❷ 二部曲：學習單＋五卡，讓繪本裡的人物飛出來

接著，請孩子把想像力的羽翼伸至「奇幻世界」，讓他們思考以下問題。

1. **屬於延伸思考層面的提問**

捷運站為什麼需要「不一樣」？難道，這些來來往往的旅客需要壁畫裡這些人物的幫忙嗎？如果是，那會是在捷運站的什麼地方？在哪些事件或狀況之下才會發生？

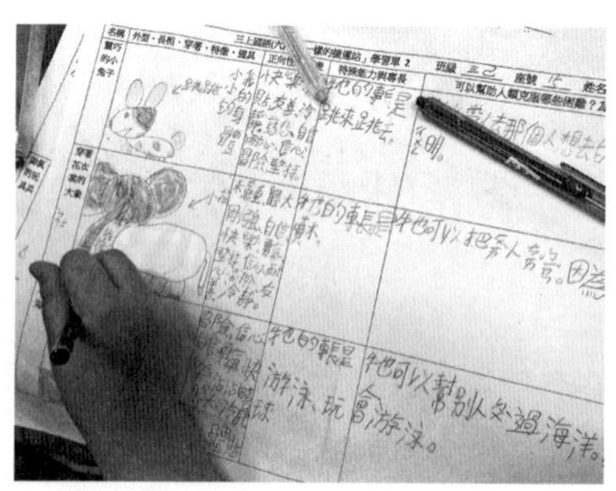

學生發揮想像力進行學習單的創作。

2. **屬於創意想像層面的提問**

這些牆壁上的人物擁有什麼特殊

本領或專長？誰可以來擔任協助旅客的工作呢？

他們如何從牆壁上的靜態「圖案」，搖身一變成為可以飛天遁地、擁有法力的繪本人物呢？

接下來，我以「學習單」搭配「情緒／性格列表」的方式，請孩子發揮想像力，思考這面壁畫裡的圖案如何化為活生生的「角色」，並且擁有特異功能、幫助來往的乘客解決各種狀況。

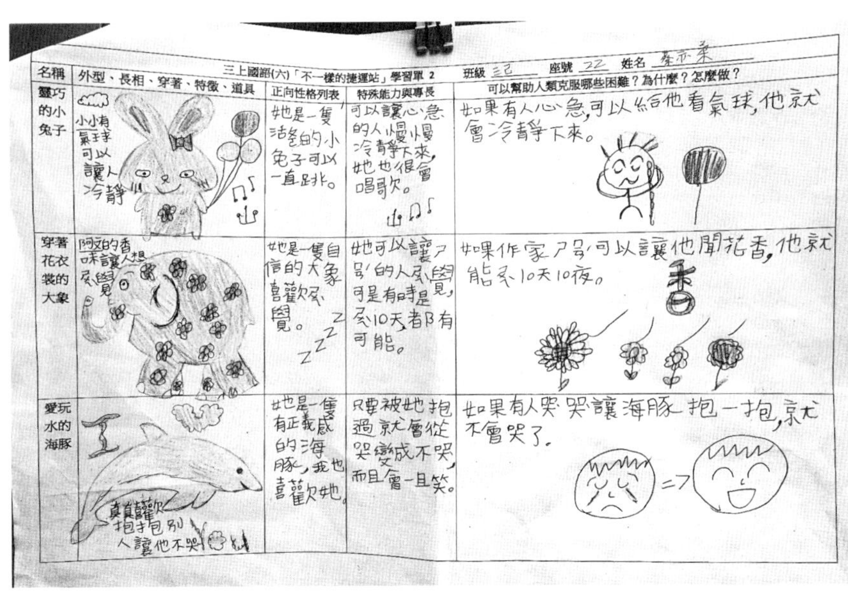

三上國語(六)「不一樣的捷運站」學習單 2　班級 三己　座號 22　姓名

名稱	外型、長相、穿著、特徵、道具	正向性格列表	特殊能力與專長	可以幫助人類克服哪些困難？為什麼？怎麼做？
靈巧的小兔子	小小有氣球可以讓人冷靜	她是一隻活潑的小兔子可以一直跳。	可以讓心急的人慢慢冷靜下來，她也很會唱歌。	如果有人心急，可以給他看氣球，他就會冷靜下來。
穿著花衣裳的大象	阿的香味讓人想睡覺	她是一隻自信的大象喜歡睡覺。	她可以讓失眠的人睡覺，可是有時是睡10天都有可能。	如果作家失眠，可以讓他聞花香，他就能睡10天10夜。
愛玩水的海豚	喜歡抱抱別人讓他不哭	她是一隻有正義感的海豚，我也喜歡她。	只要被她抱過就會從哭變成不哭，而且會一直笑。	如果有人哭哭讓海豚抱一抱，就不會哭了。

步驟❸ 三部曲：動態戲劇→文字表述，準備創作故事囉

孩子完成學習單的習作之後，便可開始鋪陳故事的某些關鍵橋段。例如，歹徒騙小孩等情節。我請學生輪流上台演戲，讓孩子在觀察演出者的動作、對話與情緒（表情）之後，嘗試將這個過程用文字來呈現。我向學生強調，要讓文

字有畫面感，並且要適時融入對話內容以及形容詞的描寫，才能讓讀者身歷其境。

讓延伸寫作變成故事創作

針對寫作單內定的部分橋段，我們可透過闡述可能性與戲劇呈現的方式來引導，並讓孩子用小白板先練習文字表述。如此一來，孩子便能投入故事創作了。以長條的圖畫紙（包含車頭和五個車廂），讓孩子得以自由揮灑，一面畫上車體圖樣，另一面進行故事創作。既能畫圖又能寫跳脫現實的奇幻故事，這樣的課程誰不愛呢？（編註：溫老師為章節故事所列的寫作提示，請參考「3. 康軒三上國語五寫作單」。本篇第一頁提供下載的的 QR code 條碼圖）

智琪老師的觀察

溫老師教學時最會故弄玄虛了！她在指派寫作任務之前，神秘兮兮的告訴孩子一個天大的好康：「全球的捷運小書比賽原本報名截止了，因為評審看到孩子們的學習單作品驚為天人，決定再給三己的孩子一個交件的機會。得獎的話，會有高額獎金，作品還會被放在全球各地的捷運站裡供人欣賞。」最後還要孩子吹捧一下促成全班有比賽機會的溫老師，孩子們被唬得一楞一楞，也因此對捷運小書的創作鬥志大增。當然事後老師真的請全班吃 Pizza，做為他們認真完成作品的「大獎」！

我不得不佩服溫老師「唬人不用打草稿」的功力，不僅圓滿了「全國比賽」說法，還帶孩子體會到「要怎麼收獲，先那麼栽」的道理！

2-8 找材料，小小法布爾的寫作基本功

■ **學習單下載** 　**參考影片** 

■ **課文來源**　三下康軒版國語課本〈台灣的山椒魚〉

■ **教學內涵**　理解山椒魚生態、解構說明文（雜誌）手法

■ **教學策略**

	手做			戲劇		資料（故事）		提問		摘述			五卡					影片／媒體
閱讀理解	繪圖	美勞	活動	人	偶	老師說	學生自讀或筆記	口頭問（＋小白板）	學習單（表格）	情節圖	心智圖	眉批	情緒識別卡	人物行動卡	性格特質卡	我的觀點卡	六星寫作卡	
						✓	✓	✓							✓			✓

	表格	話中有畫	稿紙	小書／剪貼	說／演
延伸寫作			✓		

❓溫老師這樣想

讓自然與文學談一場如膠似漆的戀愛吧！「啥？自然科學和文學，一個理性一個感性，怎麼把它們湊成一對？」請大家想想法布爾的名著《昆蟲記》，這本書完美結合了昆蟲行為的生態記錄及文學的細膩描寫，證明文學融合自然科學並非不可能之事。既然法布爾在一百年多前都做到了，那麼，在生態保育概念早已普及的今天，我們何不也讓孩子試著創作「自然文學」呢？

溫老師如何教

什麼樣的課文才能衍生出「自然文學」的寫作練習呢？〈台灣的山椒魚〉雖然是一篇很典型的說明文，但它以類似雜誌報導的形式來介紹山椒魚，提到的自然生態內容相當豐富，這些知識恰好可以當作孩子創作自然文學的材料。

步驟❶ 從課文中找出合適的「知識材料」

這次仍透過標題來拆解課文，帶領孩子從〈台灣的山椒魚〉這篇課文找出合適的「知識材料」。由我帶著孩子閱讀大標題、小標題（道出內容的重點），及小標題下的內容，並分析當中的知識到底屬於食、衣、住、行、育、樂哪個類型。

步驟❷ 播放影片：讓孩子置身山椒魚的生存世界

雖然，憑著課本裡的文字和照片，孩子對山椒魚能產生模糊的想像。但，畢竟山椒魚是一級保育類動物，並非隨處可見，班上也沒有任何一個孩子看過牠的真面目。所以，光是從課本，要讓孩子對這動物有情感、有基礎了解，幾乎是不可能的事。

為讓孩子更熟悉這種陌生的動物，我找了一部生態影片，片中介紹阿里山山椒魚的居住環境、食物、天敵與習性。影片提到，雲霧繚繞的高山森林、潮濕清幽的小溪，最適合山椒魚生長。孩子也從中發現，山椒魚的最大身長竟然只有 11 到 12 公分。而且，牠因為只能在某些特定型態的環境裡生存，因此，在山林持續被開發的台灣，山椒魚有越來越少的趨勢。有鑑於此，一些保育人員開始為牠們的環境把關並復育棲地。看完這部影片，孩子才全面了解到山椒魚的外型與生活方式，小小心靈也能感同身受山椒魚日漸減少的隱憂，進而產生動物保育的意識。

步驟❸ 知識融入故事＝自然文學的開端

課本與影片的結合，加上孩子認真的邊看影片邊做重點筆記，他們漸漸的構築出山椒魚的完整形象。

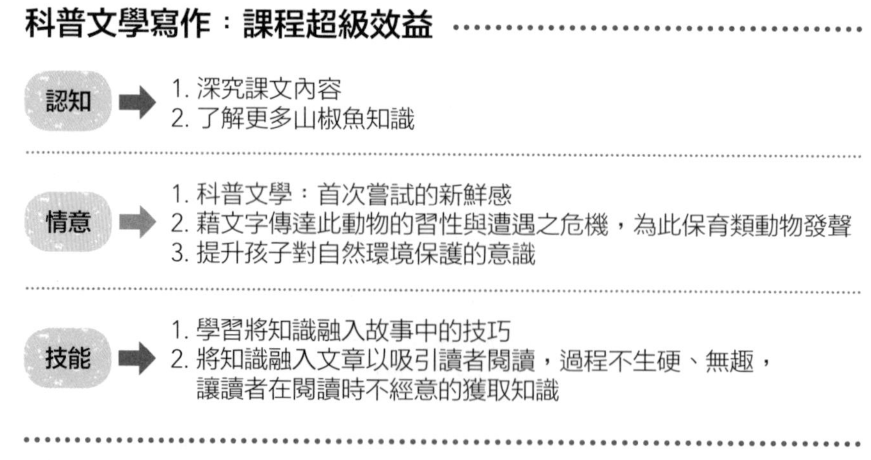

科普文學寫作：課程超級效益

認知 ➡
1. 深究課文內容
2. 了解更多山椒魚知識

情意 ➡
1. 科普文學：首次嘗試的新鮮感
2. 藉文字傳達此動物的習性與遭遇之危機，為此保育類動物發聲
3. 提升孩子對自然環境保護的意識

技能 ➡
1. 學習將知識融入故事中的技巧
2. 將知識融入文章以吸引讀者閱讀，過程不生硬、無趣，讓讀者在閱讀時不經意的獲取知識

接下來，給孩子一個寫作任務：用第一人稱的方式寫下山椒魚的故事！故事情節可以天馬行空的發展，但劇情設定卻要符合山椒魚的生活習性。例如，山

椒魚住在潮濕陰冷的高山上，你可不能寫牠在沙漠裡出生。而且，還要幫山椒魚設定至少三次危機，像遭遇天災或碰上天敵等的情境。

這次的寫作任務又比以前更有挑戰了！孩子要根據事實來改編，不能想寫什麼就寫什麼。不過，除了課本和影片以外，我還整理一份山椒魚的生態資料給孩子參考。因為寫作材料很充足，孩子才能夠津津有味的編故事。

此次作品結合了自然知識和文學故事，完全符合「自然文學」的標準！

課文＋影片＋補充資料＝創作「我是山椒魚」故事

1. 第一人稱表述

2. 天馬行空想像，但內容不能違反山椒魚的真實習性

3. 將知識融入故事中

三大目標，一次滿足

1. **認知**

孩子在創作的過程必須看課文，找到當中的山椒魚知識（剛好也是課文的重點），還要閱讀由我補充的山椒魚資料，摘取部分內容融入文章中。此時，孩子對課文內容，甚而是山椒魚的知識，有更完整的認識。

2. **情意**

嘗鮮創作自然文學，讓孩子覺得異常新奇。他們藉由文字傳達此動物的習性與遭遇之危機，為這鮮為人知的保育類動物發聲。在這個過程中，也喚起孩子對自然環境保護的意識。

3. 技能

知道知識外，還要學習將知識融入故事中的技巧（例：我和家人一起住在一條小河的石縫裡，我最喜歡吃蚯蚓，上面淋美乃滋→這段中傳達了山椒魚的居住環境、食物種類，再加上一些擬人的故事想像）。將知識融入文章吸引讀者閱讀，軟化生硬的知識，也讓讀者寓教於樂。

智琪老師的觀察

或許因先前讓學生練習做筆記，他們現在已經逐漸習慣。此次，當溫老師播放山椒魚的生態影片時，孩子一邊看著大銀幕，一邊埋首努力在自己的小白板做筆記。有時，甚至主動要求溫老師暫停播放，好讓他們來得及摘錄重點。我當場暗想：「孩子對山椒魚越來越有感覺了，竟然那麼積極的想做筆記！」有這部影片，再加上溫老師的補充說明，才讓孩子真正踏入了「認識山椒魚」的大門。

溫老師派下這份作業之後，每個孩子欲罷不能的寫，幾乎每位孩子都用了兩張以上的稿紙。他們寫下的內容，範圍從森林火災等天災、人為破壞之類的人禍，一直到天敵攻擊的大自然規律，篇篇都道出了跟山椒魚有關的知識。

隔天，溫老師在課堂上讚賞孩子表現，除了點出幾個孩子的文章特色或是有進步的地方，同時還激勵他們：「成功的方向是什麼？不草率的做之外，還要想辦法把它做到最好！」溫老師講了自己與一些認真孩子的例子，讓孩子們知道：多做、多努力，就能邁向成功！神奇的是，聽溫老師這麼一說，許多原本已完成作業、想要交出來的孩子，這時又多拿了幾張稿紙：「我想再寫一些，把下集寫完！」這畫面真令我感動！從這裡我也看到了原來每個孩子都有一顆「希望自己更好」的心！

Part 3

加入情緒&想像

如何描述情節，甚至
寫出一則故事？這個篇章將帶領
大家深入文章的情意層面，瞭解人物的
情緒、性格與行爲。再以此爲基礎，
乘著想像的翅膀，優游於各種故事
的欣賞與創作世界。

3-1 預習學習單，引發孩子們學習的全方位效應

學習單下載

課文來源
三上康軒版國語課本〈晒棉被〉

教學內涵
句子擴寫、文學想像

教學策略

	手做			戲劇		資料（故事）		提問		摘述			五卡					影片／媒體
閱讀理解	繪圖	美勞	活動	人	偶	老師說	學生自讀或筆記	口頭問（＋小白板）	學習單（表格）	情節圖	心智圖	眉批	情緒識別卡	人物行動卡	性格特質卡	我的觀點卡	六星寫作卡	
	✓								✓			✓			✓			

	表格	話中有畫	稿紙	小書／剪貼	說／演
延伸寫作	✓	✓	✓		

❓溫老師這樣想

親愛的老師，預習工作總是千篇一律嗎？有沒有想過，只要在預習課文時也納入一些考量，這五堂課就能輕輕鬆鬆的「讀寫合一」，還能「從課文長作文」！

我是如何利用預習來讓教學發揮完美效益呢？訣竅就是：預習前的規劃要先瞄準課程靶心，再精準切入目標！通常老師之所以要求學生預習，就是想幫孩子對課文內容建立某程度的概念。由於我習慣把一件事情做到極致，所以會認為既然要預習，那就應該進一步延伸它的功能，直到能涵蓋整課的教學重點。因此，事先要確立教學重點，並在預習時便直接大刀闊斧的切入，絕對會是兩個非常重要的舉動。

預習，是為接下來的教學做準備。教師手冊往往也會針對課文內容提出一些問題；若老師採用裡面的問題在課堂進行提問、讓學生透過預習去找答案，當然也能達到理解課文的目的。只不過，這跟我利用學習單當預習工具的做法在層次上有著很大的差異！提問能帶領孩子去檢視課本、尋找答案，進而達到理解課文「在說什麼」的目的。

但是，我設計的學習單，除了讓學生理解課文內容，能還更深入的探索課文內涵。例如，讓孩子試著去感受課文裡棉被的心情、試著去為課文某段內容加入文學想像的畫面；還有，賦予棉被一些表情、動作或對話……。這樣的歷程，讓原先顯得很零星、片段的課文訊息，慢慢獲得延伸、並且交織出立體的意象。當孩子理解到的訊息能組出鮮活的畫面，他寫出來的文章就會擁有更飽滿的生命力了！

溫老師如何教

以〈晒棉被〉這篇課文為例，它花了很多篇幅去描寫春天景色與溫暖的陽光。我們該從哪個角度切入才能讓學生體會春天及陽光的美好呢？我決定從「棉被」的觀點讓孩子思考。因為，在課文中真正感受到陽光與春天，並從它們身上獲益的，並非故事裡的人物，而是經歷陽光直晒的棉被！

步驟❶ 預習學習單協助學生深入課文

我設計了一張預習學習單，讓孩子依照課文寫作脈絡理解課文內容。我還請孩子把自己當成棉被去詮釋它在每段課文裡的情緒變化，並且進行更深層的文學想像，以及對話跟動作、表情的聯想。這樣的預習，學生就能將課文內容予以消化、轉化，並為接下來的深度教學奠定基礎。

其實，幫助孩子將課文消化、轉化以及文學化的過程，最後就變成了「看笑話」。所謂的笑話並非貶低之意，而是孩子的作品真的太可愛了，常讓老師看著看著就忍不住笑出來。孩子的童心與創意，總是讓人讚賞不已！

超強預習所帶來的全方位效應

設定課文深入的「教學重點」
→ 決定預習方向與形式
→ 承接預習的教學重點（省時）
→ 延伸至寫作

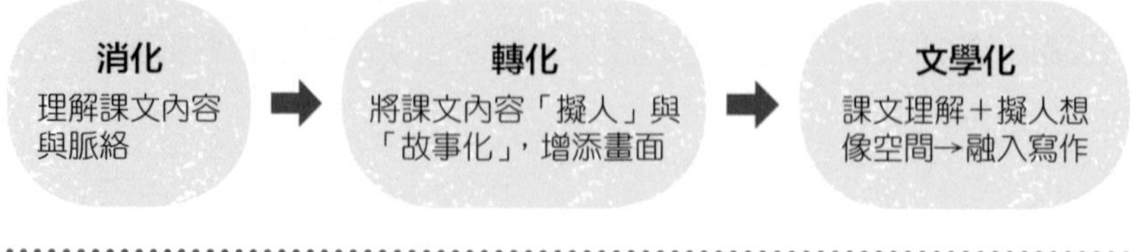

學生的習作作品

我們先搬出椅子，再把棉被攤在上面，攤開的棉被，好像一間小屋子，我小心翼翼的躲進棉被搭成的「小屋」，喊著：「妹妹，我們來捉迷藏！」陽光暖暖的，照在陽臺上，照在棉被上，也照在我們的身上。過了一會兒，小貓也來了，牠高興的在地上翻滾著，像滾來滾去的毛球，我們看到都笑了。	他們把我拉在陽臺上，像小屋子，他在我的身體裡玩捉迷藏，我覺得好像也在玩捉迷藏	我被他們當成屋子，我好像是他們的小屋子，給他們溫暖，不讓他們感冒，不讓他們吹到冷風，我又像是他們躲在我的身體玩捉迷藏，不讓妹妹捉到我的主人，可以讓我的主人躲的好好	他們把我晒一晒，而且他們兩個還把我當成屋子，他們兩個還在我的溫暖的懷抱中，玩起了我最喜歡的捉迷藏，而且他們玩起捉迷藏的時候我也好想玩喔，但我不能玩，因為我被衣架架著，所以我不能跟他們玩。他們兩個在我的身體玩捉迷藏，他媽在打我，我覺得他們兩個也該來幫忙，最後他們去打掃陽臺，整理的好辛苦，我好像在跟他們在天堂一起
正當我們玩得高興的時候，媽媽上來了，她拿起棍子拍打棉被，並且看著太陽，瞇著眼睛說：「今天的陽光好舒服，我們一起整理陽臺吧！」妹妹拍著手說：「好啊！好啊！」我們一邊整理陽臺上的雜物和花盆裡的雜草，一邊享受好久不見的陽光，整個陽臺，都是我們的笑聲。	他們們媽媽拿棍子來我，以為他媽媽要打他們兩個，結果	我在被他們媽媽打的時候，好像被一個惡霸的爸爸在打，我又像一個大王座在王位上，手	
中午，我們把棉被收下來，晒過的棉被，又鬆又軟，聞起來好像有一股香味。媽媽笑著說，這是陽光的味道，也是春天的味道！	他媽媽拿棍子來打我，他們把我收下來，乾乾淨淨的，溫溫暖暖的	下在幫我抓癢。我被收下來的時候，我好像是在雲的小朋友，又像是在雲裡被大人抱起來，又好像同學抱我起來。	做是，一起跟他們飛走。我被收下來的時候，我感覺好像夏天，離開冬天的時後，我感覺自己有淡淡的香味，我會回想這段時光。

●親愛的寶貝，請先讀課文，然後把自己當成就是晒棉被……可考的，會有感覺的，還有朋友會說話，還是個文學家、詩人，你的主人現在要把你當成主角，為你做一件重要的事，你會有哪些反應呢？可以打開課本來閱讀或參考！

三乙　座號 13　姓名 林智臣

題目：晒棉被（課文內容）	情緒反應（如果我是棉被，我會覺得…）	文學想像 就像是…又像是…	會想說的話 做的動作、表情是？可以對朋友說，也可以從心裡發出聲音，想對小主人說
一連好幾天都是細雨綿綿，直到今天早上，天氣終於放晴了。	如果我是棉被，我覺得作者會把我晒的乾乾的，我好開心。	我被晒的時候就像是天上的天使，又像是我被大大的吹風機把我這個大棉被給吹的溫暖，讓作者不再感冒，在冬天我可以溫暖我的作者，而且可以不讓作者感冒	我可以保家長和朋友，如果我是主人的棉被，我一定會讓我的主人溫暖，不讓主人冷，我會讓主人冬暖夏涼，不讓主人感冒，而且主人有可能會說我是好棉被！如果主人生病了，我可以讓主人快快好
「欣欣、智民哪！我們把棉被拿到頂樓晒一晒。」媽媽在樓下喊。我和妹妹抱著棉被，推開頂樓的小門，哇！早晨的陽光好亮啊！	如果他們把我快快的抱上去，我一定心裡會想他們兩個又想把我晒	我被他們抱上去時我好像是被抱上去的小寶寶，玩好玩的寶寶，好開心，又像是我跟主人在玩抱抱，而且我好像是被主人抱著，又溫暖又舒服的抱著	如果我被主人抱著，我如果可以跟主人說話，我會想說：主人我好愛你，我會說我也好愛你，我會在說：主人都在房間玩，為什麼要帶我出去外面玩那？我主人一定一定會說：主人的媽媽說今天天氣很好，所以要把你晒一晒
才不過幾天而已，陽臺上的花盆已冒出點點綠芽，四周也長滿細細的雜草，角落那盆日日春，開了幾朵粉紅色的小花，兩隻白粉蝶正飛上飛下，屋外的大樹，也抽出嫩綠的葉子，在微風中輕輕搖著。	上次我去陽台，太陽在地上，都是枯葉，但我這次上頂樓，天空是藍的，都是綠的，我覺得好開心！	我在頂樓有小花小草和小蝴蝶，有太陽照我，還有大風吹過我的臉，我好像在熱熱的夏天在大海邊晒日光浴，有兩隻蝴蝶在我身邊，我又像是有兩個可愛的小天使圍繞在我身旁	我把主人抱上去晒，我會跟我的小主人說：我會永遠會抱緊你，溫暖著你，不管你生病或會都會溫暖著你，除非你要我才會放開你！我這次要謝謝主人的媽媽，因為他讓我可以在跟我的朋友小花和小草、大哥樹、小弟風

步驟❷ 幫助孩子消化並轉化課文訊息

接下來的五節課，都以預習學習單當成教學基礎，並從中延伸出後續課程。學習單就如同教學的前導，能讓孩子對課文內容深刻的理解與詮釋。

因為教學緊扣著預習學習單的內容，讓孩子有機會進一步練習如何運用文學想像來造句。而孩子們寫過學習單，對老師提出的問題馬上有反應，課堂互動變活潑，也提升了教與學的雙重效率。

在這階段，課文已經慢慢被「消化」（理解），至於棉被的感受、動作與表情，以及春天的生動描寫等內容，也都被「轉化」成更生動的意象。

步驟❸ 從課文出發，讀寫合一不是夢

最後的重頭戲，就是寫作了！

在上〈晒棉被〉這一課時，孩子無論是填寫預習學習單或在課堂上，當想像力不斷徜徉，腦海也激起了許多有趣又好玩的「棉被」故事。然而，這些想法卻只是在腦袋裡打轉，似乎找不到路徑衝出來，怎麼辦？

我在孩子動筆之前做了一個搧風點火的動作；拋出類似「棉被遇上了願望仙子，因此有機會去短暫的環遊世界」這種充滿奇幻色彩的創意情節。

孩子們一聽興致來了，立即想出了作文題目其實也可以用「棉被總動員」這個名稱，如此一來，我們就能夠徹底的將棉被「擬人化」了……。師生猶如接力般的你來我往，創意就在對話之間迸發出火花。

課文預習單、孩子們對寫作的熱情、全班熱愛寫作的氛圍、棉被的插圖創作，再加上一篇打字、列印的「寫作救命小紙條」（寫作綱要），以及我的搧風點火，孩子飽滿的寫作能量呼之欲出。

於是，我就等著孩子產出天真、有趣又令人啼笑皆非的作品囉！

智琪老師的觀察

從孩子的作品，可看出他們已懂得如何組織那些在學習單裡面提示要寫出的情緒、文學想像等內容，而且，自己還加入了更多生動又有趣的擬人化對話。

雖然他們的想像力飛得又高又遠，作品卻沒有割斷與課文內容的連結。孩子不僅按照課文裡的時間順序來安排筆下棉被的歷程與感受，同時也把課文提到的景物、動物以及春天意象都融入自己的作品。就教學目標來看，他們成功的探究了課文內容，將課文意涵加以延伸，又在寫作過程中融入了自己的想像與創意，最後重新建構出很堅實的作品。

因為預習工作賜予了孩子翅膀。也難怪，這場〈棉被總動員〉的寫作活動，全班學生竟有十二位寫了超過 1000 字，還有孩子寫到 2000 字以上，他們完全是樂在其中啊！

學生作品「棉被總動員」。

學生的習作作品

棉被總動員

在很久很久以前，有一個棉被家族，他們的名字很有趣，厚棉被叫做肥滋滋；薄棉被叫做瘦竹竿，而我是一條科技棉被可以兼通電話、電視。

這個家族還有爸爸、媽媽、阿公、阿嬤，爸爸的特徵是很胖比枕頭胖，媽媽的特徵是上面的花紋很漂亮，阿公是皺紋很多，阿嬤是很瘦。

我們家族一直有一個夢想就是到外面的世界活動，而我們最期待的事是每一年只有一次的晒棉被，在那天我們會聚在一起晒太陽，也和太陽公公、大樹、螞蟻及風難得聊天。

距離上一次晒太陽時是在春天，那時天氣很好，空氣很乾淨，那天太陽公公送我們舒服的陽光，風讓我們身上臭臭的味道吹掉，螞蟻、白粉蝶陪我們聊天，主人說：「今天的太陽特別舒服，剛好可以晒棉被。」

主人把我們拿到頂樓晒的時候，爺爺說：「我的主人這一年來睡覺時都會一直拍打到我，我的骨頭都快斷掉了！」大家都笑了起來，弟弟說：「我的主人是一個嬰兒，一年來睡覺時會尿尿在我身上˙而且還把鼻涕擤在我身上，不信你自己看、聞！」媽媽說：「我的主人很好，很愛乾淨，只要一點不乾淨就會幫我用好。」爸爸說：「我的主人很普通，偶爾會把我踢到旁邊。」。

除了我們家族在聊天以外，螞蟻、白粉蝶、太陽公公、風、大樹都來了，太陽公公說：「你們難得可以晒太陽，那我就盡全力把你們晒乾！」螞蟻說：「今天的太陽好舒服呀！可以躺在你們身上嗎？」我們說：「可以呀！一年只有這一次，快來躺吧！」螞蟻說：「我從來沒睡過那麼大的床，而且好香又好軟又好舒服喔！」我們說:「我們只要晒過太陽就會很香很軟又很舒服喔！盡量躺。」大樹說：「你們晒太陽就這麼高興，你們是都沒有離開過這棟房子嗎？」

我們說：「對呀！」白粉蝶說：「你們都不知道外面的世界有多好玩嗎？」弟弟說：「外面的世界不是很危險嗎？」白粉蝶說：「才不是呢！外面的世界很好玩的。」螞蟻說：「雖然我們身體比你們小，可是我們的生活、去過的地方比你們都豐富。」。

我們聽完這麼多大自然的事以後，我們也都想去大自然，我們和太陽神阿波羅講說我們想去大自然，阿波羅說：「等我通知願望仙子就可以了。」過了不久願望仙子請上帝把時間暫停，讓我們有足夠的時間飛行，我們以時速 7 馬赫的速度環遊世界各地，我們想著大自然這麼好玩，不想回去了。

這時願望仙子說：「你們不能不回去，你們的使命是幫你們的小主人取暖呀！」願望仙子一說完話，我們就立刻飛出去房子裡，願望仙子就把我們變回一般的棉被，上帝也把時間繼續了。過了不久，小主人也上來了，主人把我們搬回房間，之後我們和枕頭、床說我們今天的事情的時候，他們都嚇了一跳，他們都很羨慕我們有機會做這些事情。

3-2 課文＋自我經驗＋閱讀，發現做決定的歷程

學習單下載

課文來源　三下康軒版國語課本〈最後的決定〉

教學內涵　深究課文主旨

教學策略

閱讀理解	手做			戲劇		資料（故事）		提問		摘述			五卡					影片／媒體
	繪圖	美勞	活動	人	偶	老師說	學生自讀或筆記	口頭問（＋小白板）	學習單（表格）	情節圖	心智圖	眉批	情緒識別卡	人物行動卡	性格特質卡	我的觀點卡	六星寫作卡	
				✓				✓	✓						✓			

延伸寫作	表格	話中有畫	稿紙	小書／剪貼	說／演
	✓				

溫老師這樣想

你曾為自己的「決定」感到後悔嗎？如果可以重來，還會做一樣的「決定」嗎？你知道「決定」是如何決定的嗎？來，幫孩子上一堂「決定」課吧！

我們每天都在做決定。凡是有自主行動權的人，無論大人或小孩，無時無刻都在做決定。但，我們往往要到了面對重大事件或難以抉擇時，才會感覺自己在「做決定」。至於要不要賴床、要不要現在去洗澡之類的小事，我們在一瞬間便做好選擇並立即下結論。自己卻可能毫無察覺是否「做出了決定」。

然而，只要帶有「選擇」的心理歷程，其實就是「做決定」的一種。「決定」讓我們確立前進的方向，但很多時候我們會忽略、沒意識到它的存在。沒有謹慎的衡量得失、放慢做決定的歷程，後悔的機率都比較高。如何避免後悔？我刻意放慢教學腳步，讓孩子有時間去認清自己行為背後的想法與情緒，進而學習關照自我。如此一來，就不會因為衝動、莽撞而誤判了形勢，做出錯誤的決定。

溫老師如何教

〈最後的決定〉這一課作者以第一人稱的口吻，描述主角原想偷偷抓校園生態池的蝌蚪，但是學校有告示寫明不可抓生態池的生物，他經過了一番掙扎，擔心會被其他人發現，最後決定不去抓。透過課文描述主角最後下決定的過程，也帶領讀者去省察自己與他人做出決定的歷程。

孩子透過這樣的課文內容，可以試著去瞭解自己與別人的行為，以及隱藏在背後的情緒；當他們瞭解到何謂情緒，以及與情緒密不可分的性格，不僅增進了對這個世界的另一層認知，同時也提升了語文能力。特別在解讀故事情節時，就更能掌握當中的奧妙了。

步驟❶ 察覺「念頭」是如何變成「行為」的

我的教學不傾向對孩子告誡「不能偷東西的道理」，而是針對課文提供以下提問，讓孩子去思考。

- 作者從有了「想抓蝌蚪」的念頭，到「最後決定不抓」，這當中發生了什麼事？
- 作者想通了什麼？讓他最後做了這個決定？
- 這些想法讓作者出現哪些情緒？

課程中的一問一答，讓孩子體認到：當一個念頭出現之後，接下來還會有一系列的想法，這些想法會影響你如何做出最後的行為。因此，想法才是左右人們決定做什麼行為的關鍵因素。而想法通常也會夾雜著情緒。

步驟❷「天使與惡魔」幫孩子掌握抽象概念

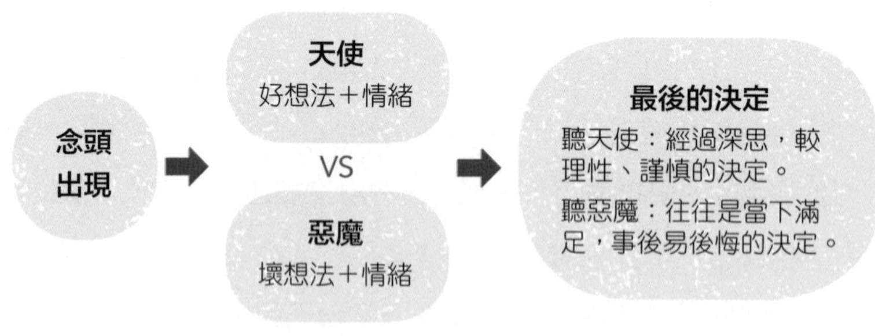

「想法」是個抽象名詞，該如何讓孩子體會到「好想法」和「壞想法」彼此拉鋸的過程？

我以「天使和惡魔的辯論大戰」來做比喻，具象的描述讓孩子更容易理解。惡魔會引誘小主人：「你想那麼多幹嘛？做就對了！」反之，天使則會提醒：「你做了這個動作會有什麼後果、什麼不好的影響。」而最後的決定就端看小主人自己想要認同惡魔的說法呢，還是天使的理念囉！

經我這樣一講，全班就都懂了！他們表示：有時候，很快下結論的小事，就是其中一方很輕易的說服了對方；而讓人猶豫不決、遲遲無法下決定的事，那就是「天使」與「惡魔」均立論充足、各持己見，導致小主人不知該站在哪一方。

步驟❸ 從不同角度去找出「做決定」的線索

課文＋自我經驗＋閱讀→三方合作，發現「做決定」歷程

我讓孩子直接從課文分析主角做決定的過程。接下來，再舉出自己的經驗，或是提出課外書籍裡面的角色、知名歷史人物來進行分析，後兩者可以提供替代性經驗。從課文到自身再到其他人物，孩子逐步鞏固了對於「做決定歷程」的認知。

若能夠放慢速度，甚至偶爾停格一下，靜下心來深入尋思整件事從開始到結束的過程，我們將發現：謹慎的下決定是最好的！可以避免後悔，也能整合各種想法的利弊。

步驟❹ 學會區分各種情緒、性格

有了基本理解，便可發下自製的學習單。這份學習單先從「想做的事情」（意念）著手，接著請學生思考：當小主人有了這個意念之後，天使與惡魔會各持什麼樣的想法、讓小主人產生什麼樣的情緒？

當天使、惡魔經過一番 PK，小主人最終決定要聽誰的？做這個決定之後的情緒如何？請他們寫下小主人最終的決定與情緒。（**編註：學習單及輔助的正負向情緒列表，請至親子天下網站下載「三下國語七最後的決定學習單」與「情緒性格大集合」**）

當我們在考量要聽天使或惡魔的話時，不僅從「誰說得有道理」來看，也得從情緒角度來評估。為了讓孩子能從「情緒」判斷該不該行事，我以更細緻的手法，將情緒與性格區分為「正向」、「負向」、「壞」三類。

決定學習單：「壞情緒，let it go！」

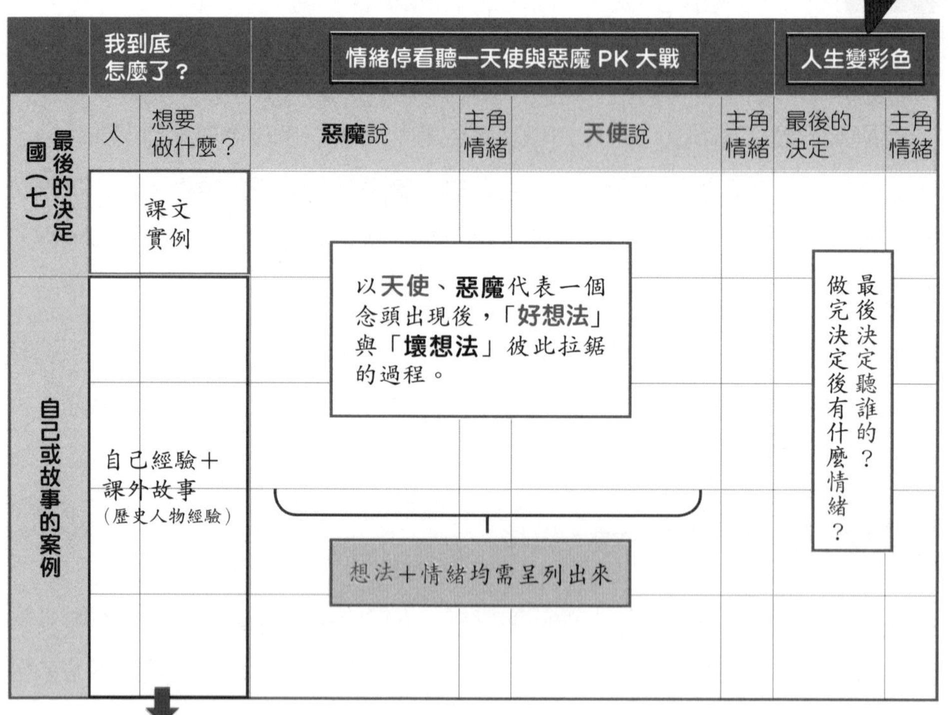

1. 正向：對自己、對別人有好的影響（讓自己舒服，或能幫助到別人）

2. 負向：對自己有不好的影響（自己覺得不舒服，但不致影響到別人）

3. 壞：對自己、對別人都有不好的影響（讓自己不舒服，別人也遭波及）

我發下「正、負向情緒性格大集合」列表，讓孩子有具體的材料，以更全面的觀點來思考「想法」與「情緒」之間的關係。當下了某些決定後，自己產生非常不舒暢的情緒，甚至還會影響別人，如此不值得面對的後果，就別選擇這個決定吧！這一系列的練習，讓孩子未來在做決定時，能更精準的切中要點，為前因後果做出全盤的思索。

溫老師的叮嚀

「決定」，是非常深度的情意主題。就算是成人，仍可能會因為誤判情勢或禁不起誘惑而做出不好的決定。如何做決定，這是一生的課題呀！所以，我趁著學生還小的時候，就先讓他們體認這個道理，那他們之後就可以去監控、控制自己的行為。儘管孩子有時候仍會衝動或經不起誘惑，但，他曾經深入探索過這段歷程，或許在某些時刻，他們會記得停下來深思再才做決定。

孩子的學習單作品也寫了自己的經驗，寫他自己與家人、同學、兄弟姊妹間的糾葛情結，老師若看到孩子的想法與暗藏的心聲，就能更深入瞭解這個孩子與家人、同學的關係。這樣的練習，讓孩子全面展現自己的想法與情緒，老師又能瞭解學生的個別狀況。師生互利共好，這是教室最美的風景，教學最高效能的呈現。

用五卡來分析課文

主角／背景	作者／想違反校規，到生態池偷抓蝌蚪的學生			
事件	①自然老師帶全班至生態池觀察動植物	②主角邀請小光一起去抓蝌蚪	③小光不願跟主角一起去抓，選擇回教室	④望著小光的背影，主角最後決定不去抓蝌蚪了！
情緒				
行動				
性格				

我的觀點（融入六星級寫作）	正向觀點	中性觀點	反向觀點
		該做？**不該做**？ 我推斷作者眼角偷偷往後瞄（動作）是因為心裡緊張（情緒）地想著（對話）：「我這麼做會不會怎樣？」而小光沒有跟來，讓他更擔心（情緒），就像獨自一人走在鋼索上（文學想像），沒人扶持的無助感。	

學生的習作作品

	我到底怎麼了？		情緒停看聽—天使與惡魔PK大戰				人生變彩色	
	人	想要做什麼？	惡魔說	主角情緒	天使說	主角情緒	最後的決定	主角情緒
國(七)最後的決定	(我)	抓蝌蚪	①快去抓吧，一定很好玩，又不會被發現。 ②小心的就不會被老師罵了吧，快點時間快到了。	惡烈	①最好不要，不要欺負小蝌蚪他很可憐。 ②你要想清楚，如果換成你，你願意嗎？ ③你這樣才不會被小蝌蚪討厭。	慈悲	他決定聽小天使的話，因為才不會傷害他。	緊張
自己或故事的案例	哥哥	上課吃糖果	①沒關係你吃了又不會怎麼樣，不要被老師發現就好。 ②快吃快吃等著你♥	焦慮	①不要吃會被罵，也會蛀牙。 ②在想一想，你真的要這麼作嗎？	滿足	聽惡魔的話，因為忍不住了。	慌亂
	糖姐	惡作劇	①去報仇一下，要不然會被老師發現。 無話可說了♥	生氣	1最好先想一想，你願意？ 2他如果和老師說你不是很不應該？	開心	聽天使的話。	安心
	我	同時想要兩樣東西	1快去買兩樣東西都很貴 可是就買一下吧，這樣就有好多玩具。	不安	1買一樣就好了，不要貪心。 2有得玩就OK了，很多人都沒有這些東西。 3把剩下的錢存下來不是很好嗎？		聽天使的，可以存錢幫住人。	放鬆
	我	要考試了	你這麼聰明，不用練習拉你就去玩 我相信你OK的。	得意	先練習一下比較保險，才不會考不好，如果考好一點的話爸爸媽媽一定會給你禮物。	安心、幸福	我覺得要聽天使的結果會比較好。	開心

讓我們題升了對話、相聲的能力，也誠認我們之前所做的事，決定是
心得：這次的功課，讓我們題升了對話、相聲的能力，也誠認我們之前所做的事，決定是每個人每天、每小時、每分鐘和每一秒都在做決定，例：決定要不要上課中聊天、
一種多段力，每個人每天、每小時、每分鐘和每一秒都在做決定，例：決定要不要上課中聊天、
要不要寫練習卷……都是個人的決定。每人都有一隻小天使和一隻小惡魔在自己的腦子中，她
們會幫住你如何去多段決定。學習如何多段出好決定；是可以幫助自己的未來和成果。
把好決定運用在工業、學習上是很好的幫助。

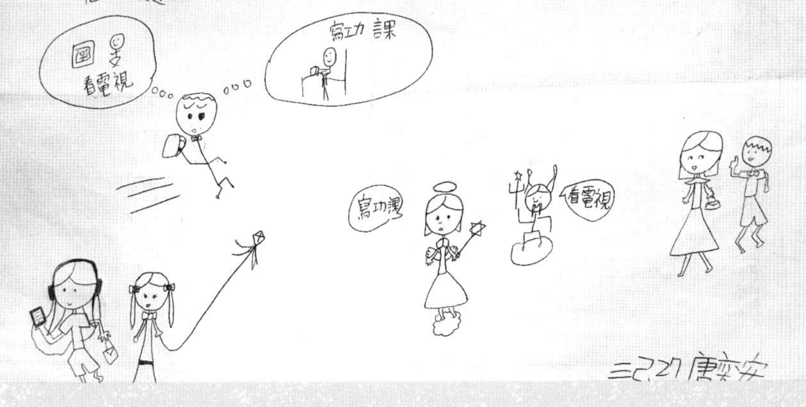

3-3 「交換日記」，以學習單挖掘「情意」層面

學習單下載

課文來源　三下康軒版國語課本〈黃金葛〉

教學內涵　解構寫作手法、認識與解構語病

教學策略

閱讀理解	手做			戲劇		資料（故事）		提問		摘述			五卡					影片／媒體
	繪圖	美勞	活動	人	偶	老師說	學生自讀或筆記	口頭問（＋小白板）	學習單（表格）	情節圖	心智圖	眉批	情緒識別卡	人物行動卡	性格特質卡	我的觀點卡	六星寫作卡	
						✓			✓			✓			✓			

延伸寫作	表格	話中有畫	稿紙	小書／剪貼	說／演
	✓				

溫老師這樣想

許多老師在批改學生的讀書報告時，都不免喟嘆為何內容總如此千篇一律！其實，如果從未幫孩子培養出解析能力，怎能奢望他們寫出有內涵的心得呢？

想要培養孩子的解析能力，在學校的國語課就能辦到！我們透過分析課文的方式來鍛鍊他們的思考力，好處是只要從課文出發，帶孩子逐步找出那些隱藏在裡面的寫作技法，不必另外再補充一堆文章而增加學生負擔。

讓孩子發現課文「好」在哪裡，是學習欣賞、評論文章的第一步。當孩子意識到課文裡頭蘊藏的寫作技巧正是讓文章變得這麼棒的秘密，他們也就知道該如何去衡量、評論一篇文章了。

因為懂得思考與分析，寫讀書報告的能力也會跟著提高。他們甚至還能將這些技巧應用到自己的作文，從而提升寫作能力。

溫老師如何教

〈黃金葛〉這篇文章為林良先生作品，非常簡潔易讀。短短篇幅透過主角文麗照顧盆栽黃金葛之間的互動與關係，沒有說教，卻不著痕跡的告訴讀者「責任感」的重要。

孩子們都很清楚這篇文章寫得很好，但，究竟「好」在哪裡卻說不出具體理由。於是，就由老師從文章的「寫作手法」開始，帶領孩子去揭開好文章的秘密吧！

步驟❶ 找出「好文章」的秘密

老師請學生先觀察文麗（課文主角）與黃金葛之間的關係變化，再圈出描寫黃金葛外型的句子，以及文麗和黃金葛的對話。我們可以從這些描寫發現，對話和黃金葛的外型變化串連了整篇文章，兩者彼此呼應，也道出了文章主旨。以下解析這篇文章暗藏的的寫作手法。

秘密 1：文麗對黃金葛說的三段話

文麗對黃金葛的關注與情緒轉變，點出了主旨

1. 「今天過得好嗎？又長大了一點呢！」→文麗剛得到黃金葛時對它很愛惜並時時關心。
2. 「黃金葛已經枯死了嗎？會不會怪我沒有好好照顧它？」→文麗後悔自己因為沉迷其他事物而忽略了黃金葛。
3. 「謝謝你原諒了我！謝謝你！」→文麗重新為黃金葛澆水、再次關心它。讓她感動的是，黃金葛活過來了。

秘密 2：黃金葛的三次外型變化

黃金葛的外型變化，呼應了文麗對它的關注程度

1. 嫩葉舒展的黃金葛，洋溢著一片綠意→在文麗的關注下，黃金葛順利且愉悅的生長
2. 黃金葛的嫩莖彎曲，葉片下垂，盆中的黑土早已變成一片灰白，眼前的黃金葛好像生了一場重病→文麗疏於照顧，使黃金葛瀕臨枯死邊緣
3. 原本低垂的嫩莖又挺立起來，葉片也重新舒展，好像在對她說謝謝→文麗的重新關注，讓黃金葛活了過來

步驟❷ 幫文麗和黃金葛寫「交換日記」

發現→體驗→改變：用學習單挖掘文本和學生的「情意層面」

學生的習作作品

發展歷程 \ 階段		過程	初始	插曲	結局
		標題	長大囉黃金葛	黃金葛死了嗎?	
文麗	跟黃金葛說的話		「今天過得好嗎？又長大了一點呢！」她看著嫩葉舒展的黃金葛，洋溢著一片綠意，心情格外愉悅。	1. 十分後悔自己只顧著下棋，卻忽略了黃金葛，不安的說著：「黃金葛已經枯死了嗎？會不會怪我沒有好好照顧它？」 2. 她立刻裝了一杯水，小心翼翼的倒進花盆，心想：遲來的水有用嗎？	文麗感動的對著黃金葛說：「謝謝你原諒了我！謝謝你！」
	情緒		愉快、喜悅、得意	難過、後悔、自責	希望、感謝、歡喜
	給黃金葛的悄悄話		「小金葛兒，上個月種，現在就長了小苗，小金葛，要長更多更大，我會一直招顧妳的！」	「沒辦法，我愛上了圍棋，無法幫助妳」 「啊～妳真的枯死了嗎？都是我不好，我怎麼可以這樣，嗚～嗚」	「謝謝妳，我不該一次做兩件事，以後我會把一件事做好在做另外一件是，對不起，我們永遠都是好朋友，我不會再忘記妳得」
黃金葛	外形狀態			???	
	情緒		開心、感謝、溫暖	失望、生氣、無力	得救、原諒、歡喜
	給文麗的悄悄話		「小主人，真謝謝謝你把我從種子顧到小苗，♥你喔」	「小主人，快幫我澆水啊！我都要渴死了，妳怎麼還在玩圍棋，不是說要把我顧到又大又美嗎？為何呢？」	「沒關係，這次的教訓受夠了吧，我知道下一次妳不會在忘掉我了，一直都是好朋友喔」

心得&感想

今天，我在寫的時候，我真的覺得我進步好多！進步在了解課文，以前還沒被涵老師教到，我只知道我要把國字都記起來，以前我認為把國字寫會已經是很棒的事，幸好，我在三年級被老師教到！才能更了解本課文在講什麼，其實我覺得更本就不需圈圈詞，而且涵老師只要用表格，就可以讓我們非常了解！真的是天下無敵！

既然文章以文麗對話和黃金葛外型變化這兩條主線交織而成，那麼，何不讓這兩個角色來玩玩「交換日記」呢？

我製作了一張學習單，請孩子分別從文麗及黃金葛的角度來思考：當文麗對黃金葛說出那三句話的時候，黃金葛分別處在怎樣的狀態？文麗及黃金葛的情緒各有著怎樣的變化？還有，他們會想要跟對方說什麼樣的悄悄話呢？

用觀點卡來教課文

觀點列表		我的觀點
正向觀點	我期待，因為…	**我期待**文麗在經歷差點讓黃金葛枯死的經之驗後，會更珍惜黃金葛。**因為**人都是在差點失去之後，才會發現事物的美好。
	我喜歡，因為…	
	我同意，因為…	
中立觀點	我認為，因為…	
	我想問，因為…	
	我推斷，因為…	**我推斷**文麗之所以會沉迷圍棋，是**因為**圍棋有趣又很有挑戰，但黃金葛長大很慢，可能好幾天才能看他發一點點芽，久了文麗就覺得不新鮮了！
	我預測，因為…	
	我的結論是，因為…	
反向觀點	我質疑，因為…	**我討厭**文麗因沉迷圍棋而不照顧黃金葛，**因為**應該兩個都要顧，才不會讓黃金葛覺得不公平！
	我不同意，因為…	
	我討厭，因為…	

智琪老師的觀察

這篇〈黃金葛〉看起來相當平實，它究竟好在哪裡？我跟學生都只是知其然而不知其所以然。直到溫老師揭穿了這整篇文章就只靠著文麗說的話跟黃金葛外型變化來推展情節，此時，全班的孩子跟坐在教室後方觀課的我都不由得驚呼：「原來，林良爺爺這篇文章寫那麼好，祕密就在這裡！」

當孩子發現這樣做就可以讓文章變好，此時再發下特製的「交換日記」學習單。她引導孩子進入文章裡的世界，請孩子設身處地去思索黃金葛的情緒，以及它想對文麗說的話。透過這樣的方式，幫助孩子梳理出黃金葛因為文麗沒有責任感而出現了什麼樣的心情。

有了這次換位思考的經驗，孩子就會警惕自己以後不要喜新厭舊、要為事物負責。當然，透過「交換日記」的練習，孩子更能掌握林良爺爺的寫作祕訣了。溫老師只憑著這張「交換日記」的學習單，就讓孩子輕鬆理解到寫作技法、探索「責任感」與各種心情的情意層面，教學效益如此豐碩！這就是溫老師的「教學魔術」。

3-4 給巨人的一封信，理解課文也理解他人情緒

學習單下載

課文來源 三下康軒版國語課本〈巨人的花園〉

教學內涵 提問練習、探索人物刻劃、哲學思考

教學策略

	手做			戲劇		資料（故事）		提問		摘述			五卡					影片／媒體
閱讀理解	繪圖	美勞	活動	人	偶	老師說	學生自讀或筆記	口頭問（＋小白板）	學習單（表格）	情節圖	心智圖	眉批	情緒識別卡	人物行動卡	性格特質卡	我的觀點卡	六星寫作卡	
		✓				✓		✓	✓						✓			

	表格	話中有畫	稿紙	小書／剪貼	說／演
延伸寫作			✓		

溫老師這樣想

你曾經和孩子討論過「自私」的概念嗎？自私到底有沒有罪？如果自私沒有罪，為什麼它令人避之唯恐不及？一個人決定要自私或分享的界線到底在哪裡？ 19 世紀英國作家王爾德寫的〈巨人的花園〉是篇膾炙人口的童話。故事講述有位巨人築起圍牆不讓孩子接近自己的花園，卻導致花園裡的花朵不再盛開；最後，巨人開放花園讓孩子進來玩，春天才再次造訪、帶給花園生氣。

這個耳熟能詳的故事告訴我們什麼？當我和孩子在課堂上討論時，一開始幾乎每個孩子都說：不要像巨人一樣自私！分享會帶來快樂！當大家一致撻伐巨人時，班上卻有位孩子舉手說出他的疑惑：「小孩子趁巨人不在家，偷偷溜進花園裡玩，這樣對嗎？」這個問題讓全班一陣譁然，大家突然意識到「偷溜進去的孩子其實也有錯！」

所以，這篇課文的教學分成三個主軸：(1) 理解課文；(2) 探索「自私」內涵；(3) 統整與寫作。在教導閱讀與寫作的同時，也帶領孩子逐步去探索自私與分享的概念。

溫老師如何教

打鐵要趁熱，我趁孩子還沒從驚訝狀態恢復過來時，引導他們思索自私的「界線」：(1) 人為什麼會自私？(2) 巨人的自私有錯嗎？(3) 如果沒錯，為什麼大家都不喜歡他做這件事？(4) 如果想要讓巨人心甘情願分享，故事裡的小朋友可以怎麼做？(5) 回到現實世界，我們自己又如何呢？(6) 你對自私和分享有哪些理解？以下的三部曲教學，從內容理解到情意探討，層層推進這則經典故事裡隱藏的內涵。

首部曲：理解課文的內容重點

先前我曾提過，預習可以強化學習的成效。我常運用提問的方式來幫孩子預習課文，希望藉此讓他們培養自主預習的能力。

步驟❶ 課堂上讓學生練習如何提問

先帶全班看一次課文，接著請孩子模仿我以前在課堂上提問的模式，並要求他們將自己想到的提問內容寫在小白板上。我跟學生說，你想問什麼就問什麼，這時他們就會自動去閱讀課文。儘管孩子想出的提問通常內容混亂且沒抓到課文重點，但已經達到「自主預習」的目的了。

經過老師一連串的提示與分析，接下來就讓學生進行小組討論，再上台分組報告。接著由老師協助大家，按照課文脈絡，以口頭方式帶領孩子將課文的重點轉化成提問內容。結果，師生合作擬出了關於人物情節的六大問題。我再發下紙張，讓孩子記下每項提問，並逐一寫下答案。

統整關於「人物情節」的 6 大問題

起因	1. **主角是誰**？從哪裡可以知道他是主角？
問題	2. 巨人（主角）**遇到什麼問題**，讓他如此生氣？ 3. 巨人在花園裡築了牆，卻發生什麼事令他**煩惱**？
解決	4. 他（主角）**如何解決**他的煩惱？
結果	5. 最後巨人做了什麼事，**讓孩子回到他的身邊**？
迴響	6. 巨人（主角）在這次經驗中，得到了什麼**啟示**？

讓孩子學著推翻自己先前擬出的紊亂問題，再思考如何讓提問直指核心，最後再逐項回答。這一連串歷程可以強化「課文理解」的學習目標。

步驟❷「巨人情緒大解構」學習單

學會了情節推演的概念，這還不夠！再發下一份自製的「巨人情緒大解構」學習單，讓孩子隨著故事情節，設身處地去思考巨人在那樣的情境會出現的情緒，以及導致這種情緒的原因。

二部曲：探索課文蘊藏的意涵

〈巨人的花園〉這則童話，作者並未明確指出誰對誰錯，留下了讓人思考的空間。我因勢利導，讓孩子們從課文出發，探索自私與分享的概念。

步驟❸ 從頭到尾都是巨人的錯？

藉由討論，孩子發現擅闖巨人花園的小朋友其實也有錯，因為花園是巨人的私人財產，他沒有義務要分享給別人。班上孩子也提到，如果小朋友想進花園，不該偷偷進去，而是應該事先徵求巨人同意。從另一個角度來看，巨人的語氣那麼兇也不對，所以兩方都有錯。跳脫出「巨人不願分享就是不對」這種非黑即白的觀念，老師引領孩子進入了更符合人性的思考，去探討自私與分享的相異處，以及人們決定要自私或分享的分界點。

步驟❹ 釐清自私與分享的界線

我在課堂上故意拿起某位學生的水壺，遞給另一位學生：「這水壺送你！」水壺的主人滿臉驚愕，接著抗議：「那是我的！」我故意說：「有好東西就要分享啊，你怎麼那麼小氣？」

這樣的開場讓全班驚呆了。我趁機問大家：「這位同學不願意分享他的水壺，他有錯嗎？」孩子們爭先恐後地表示：「不對呀！」、「那本來就是他的東西，給了別人，他自己就沒有了！」我打鐵趁熱：「那，這樣他就是自私囉！所以，自私是萬萬不可出現的性格嗎？我們在什麼情況之下可以自私？」接著還加碼追問：「那，爸爸跟媽媽的愛是不是也可以分享？」聽到這裡，所有孩子都激動的說：「那就是小三了！絕對不可以！」師生連珠炮的一問一答，不必老師苦口婆心的勸誡，孩子自然而然就能明白何時可自私、何時該分享。

步驟❺ 探索讓對方樂意分享的做法

破除了以往對自私與分享的錯誤觀念，接下來，我要學生回到課文的故事情節，去思考「小朋友該如何做才能讓巨人『真心願意』的把花園分享給他們？」從同理心的角度出發，先思考巨人擔心的是什麼、小朋友該如何表現出己的誠意來獲得巨人的信任？

經過上述的一番引導，接著就讓學生分組討論：如果小朋友希望巨人分享，他們可以怎麼做？各組幾乎都從「態度」層面著手，還有一組提出了可以交換條件（東西）、保證自己會遵守規則等實際做法。

步驟❻ 寫一封給巨人的「說服信」

方向變具體了，接下來就要讓孩子實際演練。這次我指派的寫作任務，是請全班製作一份「說服巨人分享花園的信」，以小書的形式呈現。我說明這封信的內容要涵蓋步驟❺裡大家討論到的要點，在「破除巨人疑慮、讓巨人感受誠意」的前提之下，爭取花園的使用權。

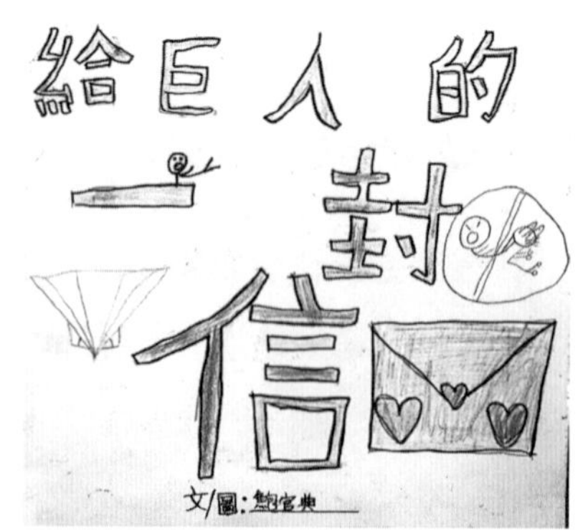

步驟❼ 讓對方願意分享的練習

經過了步驟❻的實作，接下來的口頭練習繼續深入自私與分享的探討。

老師舉出生活中常見的例子。比如，有個小男孩因為表現很好而得到兩顆巧克力糖。媽媽可以怎麼說，來讓小男孩體會到分享的好處，願意分出一顆巧克力糖給妹妹？經由口頭舉例與演出示範，孩子都認為媽媽不能靠威嚴來逼迫男孩給妹妹糖果，那只會讓他覺得委屈。我提示了四個步驟：(1) 肯定努力；(2) 讚美他的東西；(3) 尊重；(4) 回饋感恩，要全班以小白板寫下媽媽說服男孩去分享的過程。

老師選用生活中常見到的例子，希望孩子以後也能實地運用今日在課堂上學到的判斷力，也懂得應用說服他人的技巧。更重要的是，他們更能理解到「分享」的價值。

三部曲：統整與寫作

學生經過上述七個步驟的討論、思考，在這個階段變成了充足的寫作材料。我提供了一張「救命小紙條」，上面的提示能讓孩子更有系統地去探討「自私與分享」的概念。

救命小紙條──從〈巨人的花園〉談自私與分享

1. 什麼是自私？自私的人會有哪些性格和情緒表現？
2. 人們什麼時候會想自私？為什麼？（請舉例說明）
3. 自私好不好？為什麼？（舉例說明）
4. 為什麼人們對自私的評價不高又不好？
5. 為什麼讀者剛開始都不喜歡巨人？
6. 請你告訴巨人分享的好處。

××大家都認為自私不好，那是為什麼呢？因為他們想的都是：自己有一萬元，但只需要一千元，剩下的九千元可以捐出去，但自己不想捐。像這種就是他們所認為的自私。

讀者一開始看巨人的花園時，一定會指著巨人說：「壞蛋！壞蛋！怎麼可以不分享花園呢?!」但你（妳）上了溫老師的課，你一定會明白「自私」應該用在什麼地方。自己剩一毛錢時應該自私；自己有一萬元時，不應該自私。但如果你是[illegible]別人去分享的，那就是不好的，因為那是私人財產喔

巨人如果分享的話，你一定

此為學生作文的局部內容。作文主題為：從「巨人的花園」談自私與分享。

智琪老師的觀察

自己以前讀此故事時也理所當然認為巨人很不應該，直到觀察此次教學，才彷彿得到一場思想洗禮，領悟到「自私未必就是惡」！

值得一提的是，這堂課為溫老師首次在班上執行小組討論活動，看似起步比別人晚，討論氣氛卻出奇融洽。何以如此？因為先前花時間讓孩子以小白板做筆記，等他們習慣了自主思考再進行小組討論，可免除部分組員懶得動腦或彼此之間因討論而引發衝突的狀況。此外，先讓孩子寫小白板再進行小組討論，也可避免有的成員沒有想法可以發表，導致教學無效的問題。在過程中，所有孩子均找到自己的定位，不會有人「沒事做」。當全班專注的討論某個議題，努力解惑、提出己見……，這絕對是最美的教室風景！

用五卡來分析課文

主角／背景	巨人／擁有大花園，花園裡花開鳥鳴，景色宜人				
事件	①小朋友偷溜進巨人美麗的花園裡玩耍	②巨人趕走孩子，築高牆圍起花園	③花園枯萎無生氣	④小朋友再度溜進花園，走過的地方讓花園更美	⑤巨人歡迎孩子來玩，春天又回到了花園裡
反應【從課文對話中找線索】					
情緒					
行動					
性格					

我的觀點（融入六星級寫作）	正向觀點	中性觀點	反向觀點
	歡樂的結局 我喜歡巨人最後讓小朋友進入花園（事實），因為小朋友圍著巨人唱歌跳舞（動作），就像春天的精靈（想像），讓巨人的心情也開心（情緒）了起來。我相信小朋友會說（對話）：「謝謝慷慨的大巨人！」		

3-5 仿作，小三生也能寫出阿德勒的自卑與超越

學習單下載

課文來源 三下康軒版國語課本〈小紅〉

教學內涵 將劇本形式轉換爲故事體、改編課文故事、哲學思考

教學策略

	手做			戲劇		資料（故事）		提問		摘述			五卡					影片／媒體
閱讀理解	繪圖	美勞	活動	人	偶	老師說	學生自讀或筆記	口頭問（＋小白板）	學習單（表格）	情節圖	心智圖	眉批	情緒識別卡	人物行動卡	性格特質卡	我的觀點卡	六星寫作卡	
		✓				✓		✓							✓			

延伸寫作	表格	話中有畫	稿紙	小書／剪貼	說／演
			✓		

溫老師這樣想

在我的課堂，沒有什麼不敢講的！包含讓自己感到自卑的事情。

像「自卑」這樣抽象的心理活動與行為，該如何讓小學三年級的孩子能理解這個名詞背後的概念呢？

課文〈小紅〉這篇擬人化的童話，談的就是自卑與自我超越的人生議題。若老師只讓孩子停留在故事情節，他們雖也能理解這個道理，卻只是一個「與我無關」的印象。然而，自卑心人人皆有，只是程度深淺有別、自己能否超越。上這門課的時候，與其灌輸學生何謂自卑的觀念，還不如讓孩子親自去思考。因為，他們未來的人生會經常遇到的自卑引發的各種問題，此時何不趁機建立正知與正見？

我規劃了一系列的教學步驟，讓孩子從閱讀課文、明白何謂自卑與形成自卑的原因，到探索自我，在小白板寫下自己覺得自卑的事項……，還請他們創作一本談論自卑的故事小書。學生們的思考焦點在課文跟自我之間反覆穿梭，時而閱讀、時而討論、時而寫作，構成一個完整的循環。到了最後一個步驟時，我請學生用兩天時間沉澱想法再下筆。之後完成的文章，有些孩子寫的立論清晰，說的頭頭是道。

誰說自卑這題目太深奧，孩子不會懂？只要老師從旁給予足夠的引領，他們也能成為「小小思想家」！

溫老師如何教

這是一篇以劇本形式呈現的故事，內容提到有一張名為「小紅」的皺紋紙，因為自己長得跟其它紙不同，被指指點點而形成「懷疑自我價值」的心理。我先層層引導學生，分析故事主角因「與別人比較」而懷疑自己、討厭自己，最後再切入「自卑」的課題。

步驟❶ 深究課文

先帶孩子深究課文，拉出故事線、挖掘主角小紅的情緒歷程，以及產生這些情緒的事件，還有，小紅對自己的看法。讓孩子找出故事裡小紅經歷的事件有哪些。

小紅經歷的五個事件

1. 其它紙覺得小紅很奇怪，想改變它
2. 被壓平後的皺紋紙看著自己
3. 被雨淋濕褪色
4. 其它紙不看好主角
5. 成為「半紅半白的康乃馨」

請學生從小紅在以上各個階段說的話，來推論它當時的情緒與性格。例如：課文提到「小紅站在窗前，看著自己身上幾乎消失的皺紋，想起媽媽曾經告訴它，皺紋紙就要像皺紋紙，心裡覺得很難過……」。在這一段情節，小紅的情緒有懷疑、悲傷、後悔等；性格則顯示它有主見，不會因為別人說了什麼就相信它們的話。就這樣的一段段分析，讓孩子熟悉故事內容，也理解到當人被嘲笑或被當成怪人時會出現的情緒。

步驟❷ 探索情意，用課文探討自卑與超越

深究課文之後，我繼續引領孩子挖掘故事的情意內涵。

1. 認識「自卑」為何物

自卑，對這年級的孩子來說是個陌生的概念。老師先讓孩子思考人為何會懷疑自己的價值？再帶出「自卑」這個語詞。接著帶孩子分析：自卑必定是從「比

較」而來。

我舉了生活中常見的案例來引導孩子。比如，當我們漸漸長大，開始發現除了自己還有別人存在，自己又有些地方不如別人，例如外型、學習能力、身體條件、家庭條件等等，漸漸的，我們討厭自己，也嫉妒、怨恨比我們還厲害的人，自卑從此而生。

2. 從故事到自我的探索

理解了自卑的緣由，再讓孩子將焦點移回自己：「自己有哪些覺得自卑的事呢？」請他們寫在小白板上。許多人愣在那邊不知如何下筆。我猜想，或許有些孩子不願意去想這些事，便跟他們解釋：「當我們有自卑的感覺，卻不願意面對它、接受它，那我們如何化解自己的自卑？」此時並舉出一位孩子在白板已寫出的具體案例：「他說，覺得自己文章沒辦法寫得像另一位同學一樣多，所以覺得自卑。」鼓勵每個孩子誠實面對自己的感覺。

當孩子們從一個個提示中，將自己內心攤開、呈現在小白板。有了思考自卑與自身經歷關係的歷程，孩子準備進入第二輪的情意寫作。

步驟❸ 跳出課文，創作相同主題的故事小書

從課文深究到「自卑」的情意探究，這兩個步驟均為接下來的寫作活動奠定基礎。

我請孩子利用假日完成一本故事小書。主角不一定要用「小紅」，也可以是動物或任何人事物。我要求的，只有模仿故事裡的「思想」與人物的「情緒」歷程；而且，這段歷程必定會經過自我懷疑的階段。當孩子以原文主角的心路歷程為鷹架來寫出個全新的故事時，他們在構思的時候也會對課文要講述的自卑議題產生另一番認識。

步驟❹ 深入探討「自卑」，寫出一篇議論文

接下來，使用「救命小紙條」（親子天下網站提供範本供下載），這張救命小紙條，提示內容包含了觀念的說明、課文的連結及自身自卑感的省思，最後還讓孩子去想出一個可以解決自卑的方針！這種引導可開啟孩子對「自卑」主題的文思，裡頭的提示也是他們搭建文章的鷹架。

題目：從課文「小紅」談自卑與超越

1. 什麼是自卑？
2. 為什麼一個人慢慢長大，會開始自卑？因為哪些狀況？
3. 自卑時，會有哪些不好的情緒，為什麼？
4. 課文中的小紅因為哪些事自卑？自卑讓它遭遇到哪些痛苦的事情？最後它如何解決？
5. 你最自卑的事情是？為什麼？
6. 你曾想過為什麼你會自卑嗎？
7. 如果你是「專治自卑」的醫生，你會給自己什麼治療方式？請按步驟列出。

孩子經過充足的引導與思考，再加上老師給他們參考的「情緒、性格大集合」列表（此表先前用於〈課文＋自我經驗＋閱讀，發現做決定的歷程〉，可至親子天下網站下載），他們能更精準去描寫情緒與自卑的感覺。

智琪老師的觀察

在上〈小紅〉這課時，溫老師也讓孩子上了一堂「思想」的課。與其將寫作練習的焦點放在改變文學形式，像是將故事改成劇本，以第一人稱寫下小紅的故事，溫老師更傾向讓孩子挖掘藏在故事背後的思想。

因為思想才是一篇文章真正價值所在！讓孩子試著詮釋他們在故事中看到的思想，是第一份習作「仿造小紅故事」的目的。有了一次的詮釋當打底，第二次寫作再來談更深層的哲學論點「自卑」，對學生來說才不會一次跳到太過抽象的層面。

察覺自卑的情緒是多麼重要卻又不容易的事。但是，孩子們藉由思索這件事，也學會了掌握自己的心理與思緒，朝著正面發展。讓自卑感仍甚微小時就將之轉化，便可能變成驅策自己成長的動力。

從溫老師的引導及孩子的寫作作品，我發現，原來孩子比我們想像的更睿智，潛力更大呢！既然如此，身為老師，何不幫孩子搭建一座讓孩子思索道理或他們從未想過的事情的舞台呢？

就教學手法來說，使用五卡可有效幫助孩子去深入探討故事，了解人物的心理、行為。我們利用表格搭配五種卡片，讓學生親自參與解讀課文的過程。孩子為了完成任務，在表格裡填入小紅經歷過的事件、說了那些話（反應）等內容，他會努力地去讀懂課文，並自行做記錄。過程中學生一步步看清故事主角在每個階段的情緒變化、採取的行動、這個行動代表的性格。

最後再根據「六星級寫作」的條件，表達對故事主角小紅的看法。演練過一次，孩子就更能理解小紅的處境，當然也順帶掌握課文重點與故事的寫作脈絡了。

學生的習作作品

讓孩子一針見血告訴你：什麼是自卑？

自卑？一個會讓人產生痛苦、無力、受傷、空虛和絕望，甚至嫉妒他人，然後不讓世人再看到他嫉妒的人，爲什麼？人們因爲自己某方面不如他人，開始討厭自己，產生許許多多的壞情緒，然後自我封閉，甚至自殺或打擊別人。

我們在出生時，通常不會自卑，因爲不知道有別人，不會和他人比較。但是長大後，大人會不斷比較導致自卑，有很多狀況會產生自卑感，例：外型、學習狀況、身體條件、先天能力不足等，都會造成自卑。但還有一種，就是自己所有能力都很好，但自己不努力發掘，反而沒有找到自己最有興趣、最喜歡的志向，不要把自己某方面的成績當作自己的一切，否定自我。

老師評析

- 嫉妒會有的情緒
- 自卑的起因
- 自卑的存在：源自人與人之間的比較
- 可能讓人產生自卑、比不上別人的因素

用五卡來分析課文

主角／背景	小紅／住在文具店的皺紋紙，與其他不同類紙張住在一起				
事件	①其它紙覺得小紅很奇怪，想改變它	②被壓平後的皺紋紙，看著自己	③被雨淋濕褪色	④其它紙的不看好	⑤成為「半紅半白的康乃馨」
反應【從課文對話中找線索】					
情緒					
行動					
性格					

我的觀點（融入六星級寫作）	正向觀點	中性觀點	反向觀點
			不一樣，所以呢？ 我不喜歡其他紙對皺紋紙的態度（事實），因為他們像高傲的女王（想像），以向下俯視（動作）的姿態評斷皺紋紙。甚至說（對話）：「你長得那麼奇怪，怎麼賣得出去？」讓皺紋紙對自己的價值感到懷疑（情緒）。我覺得所有人都應該尊重與自己不一樣的人！

3-6 戲劇創作，領略神射手與賣油翁的故事寓意

課文來源　三下康軒版國語課本〈神射手與賣油翁〉

教學內涵　深究故事寓意、了解劇本的形式

教學策略

閱讀理解	手做			戲劇		資料（故事）		提問		摘述			五卡					影片／媒體
	繪圖	美勞	活動	人	偶	老師說	學生自讀或筆記	口頭問（＋小白板）	學習單（表格）	情節圖	心智圖	眉批	情緒識別卡	人物行動卡	性格特質卡	我的觀點卡	六星寫作卡	
				✓				✓							✓			

延伸寫作	表格	話中有畫	稿紙	小書／剪貼	說／演
			✓		

溫老師這樣想

如何增進學生在閱讀理解方面的能力？我認為，採取多元形式的教學，能催化孩子對文章的理解。這次，在上〈神射手與賣油翁〉的時候，我用了戲劇表演、寫劇本、寫道歉信的方式，來幫助孩子深入理解課文。此套教學步驟包含了閱讀與寫作，三種截然不同的教學形式，預期達到以下效益。

1. 戲劇：讓孩子套用課文裡的情節，實際演一次，促使他們對課文內容產生畫面想像。
2. 劇本：劇本基本上是由對話組成的。讓孩子試著用這篇課文改編劇本，讓他們不遺漏課文中推動情節的對話，進而領悟故事的前因後果。
3. 道歉信：設身處地從神射手的角度來思考，寫一封道歉信給他先前輕視的賣油翁。這除了讓學生學到課文裡的知識，還能打開人生視野；當然，也順勢請他們評論神射手與賣油翁的關係。

你或許會質疑：「光是一篇課文就用了這麼多種教法，進度來得及嗎？學生跟得上嗎？」請放心，絕對來得及。

而且，你將發現：不重複且多元的教學才能跳脫死板板的窠臼，讓孩子在新鮮的體驗過程，自然而然學到知識與人生道理。

溫老師如何教

由於〈神射手與賣油翁〉是寓言故事，孩子很容易被這樣的情節打動，加上先前多次訓練他們分析人物角色，所以，這次就讓孩子自行揣摩，試著把課文轉化成自己的表演劇本，並且瞭解故事跟劇本這兩種文體的差異。

由老師告訴孩子，劇本就像操控木偶的導引線，幫助演員進入故事情節，了解他們在每一幕需做出什麼反應、說什麼台詞等。那麼，劇本要有哪些「一般故事」裡所沒有的成分？我帶著孩子共同討論，歸納出劇本須具備這三種內容：對話、肢體動作、表情。

步驟❶ 了解劇本的構成要素

老師先帶孩子看完整個故事，再開始分析「神射手」及「賣油翁」這兩個角色的性格與情緒，並讓孩子上台演出，揣摩角色的動作與反應。上台演戲的過程不僅讓孩子覺得新奇有趣，他們也藉由自己或同學的演出，發現了書本裡的故事跟劇本的差異在於：故事很少有對話，演戲則幾乎是用對話來串連故事；因此，劇本得列出所有的對話。

當孩子對「故事→劇本」的改編有了敏感度，這時候便可向他們示範劇本格式。我在黑板寫下：

人名 → 人名後面該角色的台詞。

（　　）→ 裡面寫出該角色的情緒、動作，以及提示如何詮釋角色的方法。

接下來，讓孩子用小白板練習，用劇本格式寫出神射手與賣油翁相遇的橋段。

步驟❷ 練習描寫具體的動作

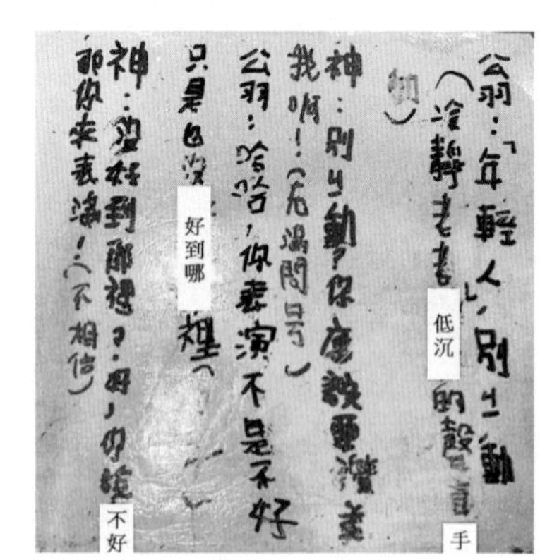

以往，我請孩子寫故事，焦點都放在劇情的發展。然而，劇本只能由動作、表情、談話的細節來推動情節，這種形式的文體對孩子來說是需要練習的。

我當場表演了五個連續動作，要孩子仔細觀察，並且盡可能的詳盡記下。經過一連串紀錄「動態動作」的練習，孩子也漸漸熟悉劇本的寫法了。

步驟❸ 寫出人物形象飽滿的劇本

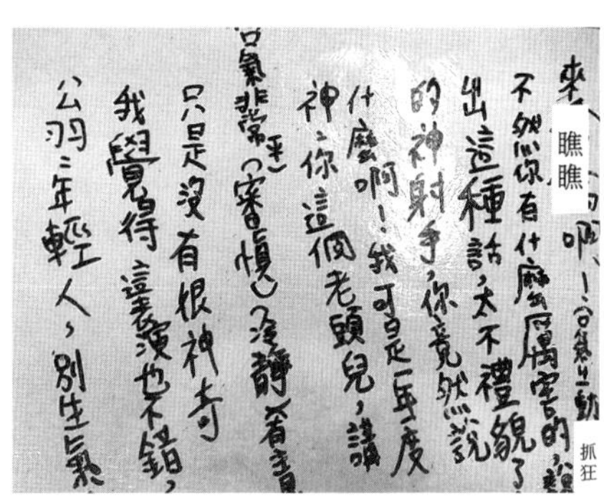

孩子看完〈神射手與賣油翁〉這類的寓言，往往會導出「不要像神射手一樣驕傲」之類的結論。老師希望孩子先別急著下結論，而是去想想「神射手為什麼會變得那麼驕傲？」經過討論，師生共同拼湊出一個可能：神射手在童年時期不斷練射箭，某次射箭表演之後開始受到路人甲乙丙的激賞，使他自認「我一定是全世界最厲害的人，沒有人比得上我！」

他開始到處表演，不斷被讚賞，也變得越來越目中無人，直到賣油翁出現才讓他領悟「天外有天，人外有人」的道理，他也發現自己還要繼續努力，而非享受在讚賞的榮光中，停滯不前。

讓孩子融入故事，彷彿坐上時光機般的回到主角童年，找出神射手為何會目中無人的背景因素。孩子幫他平反的理由是「他不是生來就驕傲，也不是因驕傲就沒救了！」雖然，這篇寓言的「說教味」因此淡化，但，孩子不是學到更寬容、更全面的觀點嗎？

打開孩子對於人物的想像後，我要求他們在不更改故事原意的情況下，把整篇故事改編成劇本。過程中不僅體驗劇本寫法，也讓孩子自主讀起課文，理解事件發生的前因後果，課文內容、角色關係就這樣被讀通了。

步驟❹ 人情演練：學習寫道歉信

最後來場延伸寫作，請孩子幫神射手寫一封給賣油翁的道歉信。我故意說：神射手從小都在練劍，不會寫字，所以要請你們幫神射手寫一封信給賣油翁。信裡面要寫出神射手因為自己對賣油翁無理而道歉，還要寫下神射手表示自己因為賣油翁而改變人生的感謝之情。

智琪老師的觀察

五卡包含了情緒識別卡、性格特質卡、人物行動卡，以及我的觀點卡，是幫助學生深入理解故事性課文內涵的好幫手。凡是遇到內容為故事、帶有情節的課文，使用五卡來教學可發揮以下好處。

1. 進入角色的內心世界：以〈神射手與賣油翁〉這課為例，我們用五卡加上大表格來剖析神射手的成長經歷，讓孩子一同感受神射手在人生每個階段的情緒與性格的轉變，最後促成哪些行動。接著，再請孩子應用「六星級寫作」條件，表達自己的觀點。
2. 學會換位思考：這個練習過程可幫助孩子學會為他人設身處地。比如，在這課，他們理解神射手之所以驕傲並不是人格有問題，而是環境使然，而賣油翁的出現則是使他改變的關鍵！
3. 幫助情意寫作：接下來，動筆寫「神射手給賣油翁的道歉信」時，孩子更能切入神射手的心境來撰寫，文章也因此更有說服力！

用五卡來分析課文

主角／背景	神射手／射箭百發百中，覺得自己很了不起，時常在外表演射箭，感受大家的讚美				
事件	①小時勤練箭	②表演受讚譽	③自以為是	④遇上賣油翁	⑤自省與改變
反應【從課文對話中找線索】					
情緒					
行動					
性格					

我的觀點（融入六星級寫作）	正向觀點	中性觀點	反向觀點
		一句話敲醒夢中人 我認為賣油翁是神射手一生的貴人（事實），因為他像一面鏡子（想像），誠實映照出神射手的缺點。儘管他知道神射手當下可能會憤怒（情緒）到想揍（動作）他，他還是冷靜的說（對話）：「這功夫是不錯，可是也沒多神奇。」點醒神射手不要得意忘形。我想，幾年後的神射手回想起賣油翁，內心必定有滿滿的感激（情緒）。	

學生的習作作品

1.【課文內容深究】改編劇本

神射手與賣油翁

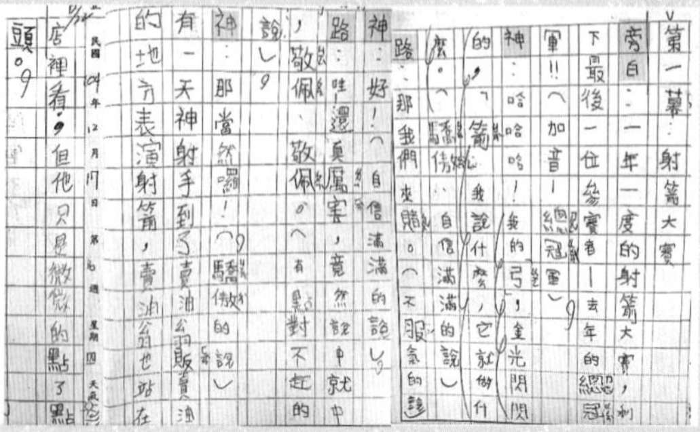

第一幕：射箭大賽

旁白：一年一度的射箭大賽，剩下最後一位參賽者——去年的總冠軍！（加音：總冠軍）

神射手：哈哈哈，我的「弓」，金光閃閃的；「箭」，我說什麼它就做什麼。（驕傲、自信滿滿的說）

路人：那我們來賭！（不服氣的說）

神射手：好！（自信滿滿的說）

路人：哇！眞厲害，竟然說中就中，敬佩、敬佩。（有點對不起的說）

神射手：那當然囉！（驕傲的說）

旁白：有一天神射手到賣油翁販賣油的地方表演射箭，賣油翁也站在店裡看，但他只是微微點了點頭。

神射手：老頭，你沒拍手就算了還點頭？（生氣）

賣油翁：年輕人，別激動，其實這也沒什麼，不相信？你看！（台語）

神射手：哼

旁白：老人①拿出瓶子，②在瓶子上放了一枚圓形方孔的銅錢，③然後用勺子舀了一勺油，④接著，站在一張椅子上，⑤將勺中的油慢慢由上往下倒，結果銅錢上連半滴油都沒有。

路人甲：哇，太厲害了！

路人乙：可以幫我簽名嗎？

賣油翁：其實這也沒什麼，只是練了幾十年而已！

2.【情意深究】神射手的道歉信

親愛的老爺爺：

雖然我以前那麼自大、愛炫耀，直到遇見您，您要我謙虛不自大不炫耀！那個時候我想衝過去打你，還說想殺了您，現在想起來我眞是個莽撞的人，今年的比賽我並沒有得到冠軍，我了解到並沒有永遠的第一名。

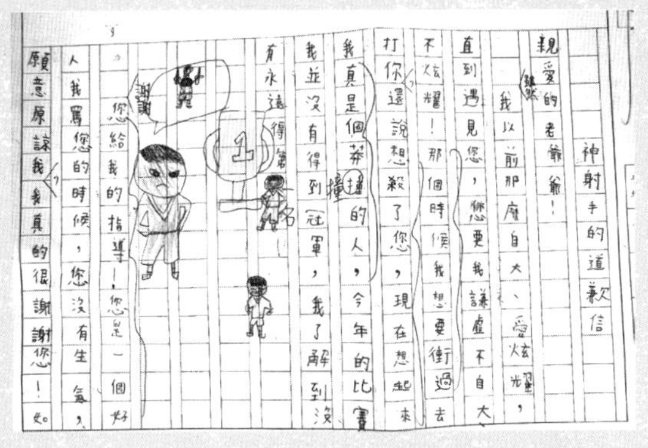
神射手的道歉信
親愛的老爺爺！
雖然我以前那麼自大、愛炫耀，
直到遇見您，您要我謙虛不自大、
不炫耀！那個時候我想要衝過去
打你，還說想殺了您，現在想起來
我真是個莽撞的人，今年的比賽
我並沒有得到冠軍，我了解到沒
有永遠得第一名
您給我的指導！您是一個好
人，我罵您的時候，您沒有生氣，
願意原諒我，我真的很謝謝您！如

謝謝您給我的教導！您是一個好人，我罵您的時候，您並沒有生氣，願意原諒我，我眞的很謝謝您！如果不是您循循善誘，我到現在可能還是自大的人，也可能與別人衝突受傷，再也無法參加射箭大賽了！

您也知道有些衝突會造成無法彌補的遺憾，可能失去性命，下輩子會變成狗還是豬、兔子、貓等等動物，不一定做人，因此我很珍惜生命，可以精彩的過這一生，看盡人生的風景。

我之前那些不尊重您的話我全收回，我希望可以做些事表示歉意，也希望您能繼續教導我，我會更加精進自己。

3-7 如何寫出好遊記？先來場知識與想像的漫遊

課文來源　三下康軒版國語課本〈參觀安平古堡〉

教學內涵　認識安平歷史、將遊記轉換為說明文與冒險故事

教學策略

	手做			戲劇		資料（故事）		提問		摘述			五卡					影片／媒體
閱讀理解	繪圖	美勞	活動	人	偶	老師說	學生自讀或筆記	口頭問（+小白板）	學習單（表格）	情節圖	心智圖	眉批	情緒識別卡	人物行動卡	性格特質卡	我的觀點卡	六星寫作卡	
						✓	✓	✓				✓						✓

延伸寫作	表格	話中有畫	稿紙	小書／剪貼	說／演
			✓	✓	

溫老師這樣想

想讓孩子嘗試「寫遊記」，卻無法帶他到實際景點走走，怎麼辦？老師常苦惱的是，若讓學生寫各自的旅遊經驗，又會跳脫課文主題太遠。其實，我認為遊記能不能寫得好、寫得過癮，重點並不是有無去過，而是孩子對該地方有沒有感覺。如果老師在正式上課之前，先將那個地方的人、事、時、地、物，用生動有趣的方式讓孩子認識，這會是寫作成功的開始！師生可以一同想像：「當自己看到這樣的景色會想做什麼？」大家一起去認識那個地方的歷史、建構出自己對該地方的想法，不再將它視為「與我無關的陌生地點」，這就是寫好遊記的第一步。

溫老師如何教

這篇〈參觀安平古堡〉是很典型的遊記。雖然我們學校就在台南，但，想帶學生來趟校外教學可不是說走就走那麼簡單——實際上，也沒有這個必要！我們就坐在教室裡，踩著知識的階梯，登上想像的國度；然後，學生就能寫出精彩生動的旅遊故事了。我保證這場另類的遊記課，既不牴觸校方政策，也不會引發家長擔憂，而且，孩子還非常喜愛呢！

步驟❶ 為孩子跟景點搭建認知的橋樑

打開課本之前，先由老師引導學生建立對該地點的基本認識。首先，讓孩子憑著自己印象，在小白板寫出安平古堡有哪些景觀。接著，透過影片播放與老師口述，讓他們進一步了解安平古堡的淵源及變遷。孩子們看了照片、聽了安平古堡的過去與現在，這個景點在他們心中逐漸有了不同的感受與意義。

看完影片，師生來一場「猜猜樂」的活動。我在黑板貼上幾張方才的小白板習作，並且寫下兩個提問。透過共同討論的方式，激起孩子去思考：安平古堡這裡到底有什麼人事時地物是值得說的？

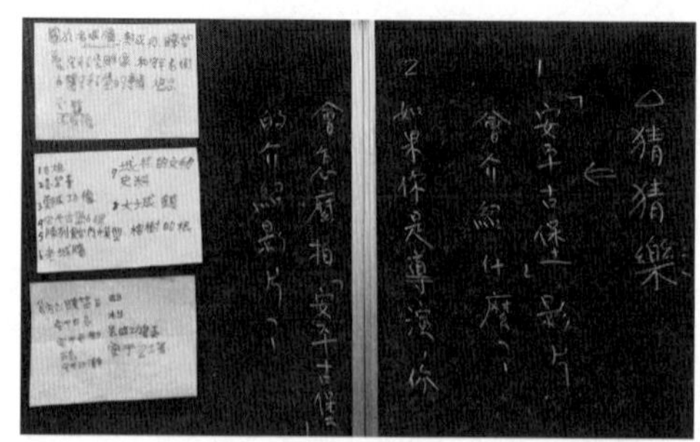

步驟❷ 從課文裡找出可用的寫作材料

接下來，老師帶孩子分析課文，找出：關於景點的事實（資訊）、遊玩的過程與經歷。將挑出的「事實」段落上標記，如下所示。

- 安平古堡有珍貴的物品，還有安平古堡的歷史。
- 裏頭的陳列館，放著許多文物和史料，有古城的模型，還有地圖、照片和畫作等。
- 安平古堡原本是荷蘭人蓋的，後來，鄭成功打敗荷蘭人，把軍隊駐守在這裡，安平就成了當時的軍事要地。
- 陳列館外有一排古炮，附近還有一座瞭望臺，紅紅的屋頂，白色的牆，又高又大，向四面遠望，可以看到附近的風光。
- 旁邊的公園，裡頭有一面老城牆，上面長滿榕樹的粗根，經過三百多年，老城牆還是很堅固。

有了課本裡的事實資訊，再加上老師的補充，即使再不熟悉安平古堡的孩子，也不再對這個景點那麼陌生了。

步驟❸ 為寫作融入無拘無束的想像力

老師引導學生開始想像：假如全班或幾個好友一起去安平古堡玩，會發生什麼事？孩子聽到可以自由編造出遊的情節都很興奮，甚至開始想像要以「文字」惡整好友！此時我繼續搧風點火：「你們也可以寫，到安平古堡夜遊結果卻遇到鬼，甚至連鄭成功鄭爺爺都跳出來！」這下，孩子更期待了，恨不得把同學描寫成被鄭爺爺嚇到尿褲子的傢伙。

步驟❹ 事實＋想像＝剪貼的遊記創作

先前由大家從課文找出的安平古堡「事實」，老師再將其統整在一張 A3 紙（上面的字體接近稿紙格子尺寸），每位學生發一張。

這場名為「貼貼樂」的寫作活動，讓孩子從紙上裁剪這些「事實」、轉貼到自己的文章裡。我提示大家，這些「事實」的位置可以是導覽員解說、老師或同學說出來的話、告示牌上面的文字等。

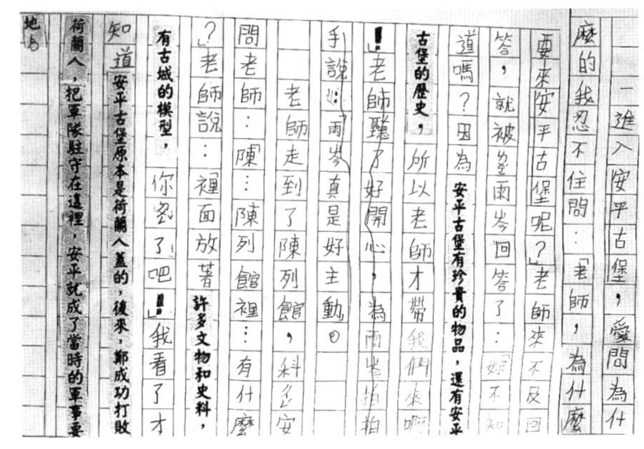
一進入安平古堡，愛問為什麼的我忍不住問：「老師，為什麼要來安平古堡呢？」老師來不及回答，就被[illegible]雨岑回答了：「妳不知道嗎？因為安平古堡有珍貴的物品，還有安平古堡的歷史，所以老師才帶我們來啊！」老師聽了好開心，為雨岑拍手說：「雨岑真是好主動。」
老師走到了陳列館，斜[illegible]安問老師：「陳：陳列館裡：有什麼？」老師說：「裡面放著許多文物和史料，有古城的模型，你忘了吧！」我看了才知道安平古堡原本是荷蘭人蓋的，後來，鄭成功打敗荷蘭人，把軍隊駐守在這裡，安平就成了當時的軍事要地。

學生以「貼貼樂」方式創作的遊記（局部頁面）。

為何要用「貼貼樂」的方式？這可避免孩子幻想著情節，結果卻遺漏了安平古堡的相關史實！

一魚多吃的另類遊記寫作策略

吸引人的冒險、奇幻成分，加上可以惡整同學的難得機會，許多孩子拿了兩張甚至三張稿紙！對他們而言，絲毫不感到寫作的痛苦，反而覺得自己在寫笑話、惡整同學！於是，讓大部分孩子的遊記都「產量大增」。

由於在寫作過程中，孩子得不斷回頭看課本才能了解那些「事實」是從哪裡來、可以如何插入自己的遊記裡，因此達到複習的效果。有大量的文字創作，又有課文的自主複習，怎不是一魚多吃的策略呢？

智琪老師的觀察

此次的遊記創作，彰顯出溫老師對於寫作的要求。由於孩子在這階段剛開始進行大量寫作，目標先設定為：讓孩子不害怕寫作，進而喜歡寫作。溫老師也包容了他們表現不完美的地方。比如，剛起步的孩子寫出的文章往往會有邏輯不通之處，或像這次寫作貼貼樂的活動裡，沒有照老師要求的要把每個「事實」都貼至文章中。但這些都不是重點，只要能讓孩子敢寫、樂意寫，甚至是大膽的寫，這就夠了。當孩子逐漸習慣寫作後，才能逐步去改善流水帳、語病等問題。事實上，溫老師是在帶這個班過了半年之後才開始教這些，詳細案例可參考此書相關篇章。如果，老師剛在帶班初始就要求學生修正這些寫作問題，孩子便會害怕卻步，對寫作感到排斥，甚至不願動筆。這樣的結果，才真的是得不償失呀！

還有，溫老師也是擅長驅策學生動筆寫的高手！此次寫作活動幫孩子推一把的最大動力，可算是溫老師提到可以寫夜遊記的時候，她講出鄭成功爺爺死而復生的創意情節，點燃了孩子想寫出冒險故事的慾望。溫老師還活靈活現的演出鄭爺爺會如何突然發出聲音、夜遊的孩子會如何被嚇得屁滾尿流……。聽到這裡，全班莫不哈哈大笑。原來，允許孩子在遊記加入奇幻、冒險，甚至是惡搞的成分，他們就能寫得意猶未盡！

Part

4

動手做
&自主性

DIY 是誘使孩子
樂於上課的法寶。在溫老師的
國語課，圖文創作已是常態，學生
還可以自己改作文、做小書、一起玩
紙偶戲。這些活動涵蓋了課程目標，
還可強化孩子的自信與自主
學習的習慣。

4-1 自己改，讓流水帳絕跡的師生雙贏策略

學習單下載

課文來源　教師自編課程

應用時機　各版本各課皆適用

教學內涵

學會鑑賞文章：明白好文章具備的情緒、動作、表情、對話、文學性思考等標準。

當自己的作文小老師：孩子學會評估自己的文章還有哪些地方可以改進。

雙贏的師生關係：老師輕鬆，學生確實修正缺點，師生互利。

以「舊題新作」取代「被罰重寫」：孩子更能正向面對寫作的學習，從而有效發揮學習成效。

沒有一個孩子被放棄：建立有跡可循的機制，不管是學習能力高或低的孩子都知道自己可以做什麼。

? 溫老師這樣想

孩子總是寫流水帳，身為老師的你有什麼想法？該怎麼做才能讓孩子寫出優質作文？首先，請大家先思索一點：流水帳就真的一無是處嗎？其實，流水帳如實呈現事件，用順敘方式寫出過程，內容往往具備了人、事、時、地、物的實際資訊——這些不是作文的骨架嗎？沒有骨頭，哪能撐起一個人？但，我們都覺得流水帳很死板、一點也不吸引人。為什麼？因為它少了文學想像、情緒、對話、動作等等來潤飾。

所以，流水帳並非真的一無是處，它只是「先天不足」而已。回到孩子的作文總是寫流水帳的問題。其實，你可以請孩子當作文小老師，讓他改自己的作文，就能去除總是寫流水帳的毛病了。「啥，孩子能自己改作文？」沒錯，我正是如此主張。

只要用對方法，孩子自己就能讓作文從平淡、沉悶，變得如春天花繁葉茂般的充滿生氣。身為老師的你再也不必批改那些讓人生不如死的作文了。更重要的是，孩子自動自發且心悅誠服地享受這一段美好的歷程。以上描述並非天方夜譚，而是在我班上發生的事實。這是怎麼辦到的呢？

溫老師如何教

周末假期，我為強化課文示範的記敘文寫作，特意要求學生自己想主題、寫出一篇記敘文，並且利用救命小紙條（寫作綱要）來提醒自己要在文章裡加上什麼才不會淪為「流水帳」。但，禮拜一繳回的作業，卻顯示孩子的寫作成效並不如預期。甚至有很多孩子寫的內容雖然豐富，讀起來卻讓人覺得索然無味。

「是孩子不夠認真嗎？」三己的孩子寫故事類文章動輒千字以上，為什麼當描寫主題拉回到真實生活，他們的文章就會失去想像與感動呢？

流水帳＋潤飾＝二次加工策略

其實，孩子寫出流水帳般的內容是可預料的，不必對他們的表現感到失望或生氣，只要執行「潤飾」的二次加工策略，就能改善這問題。

步驟❶ 別擔心！流水帳也有價值

重寫作文造成壓力，先用蓋房子來比喻以安撫孩子的情緒：「寫流水帳就像建了一棟房屋。這樣的房屋沒有任何的裝潢與擺飾，所以無法吸引其他人。」我請每位孩子當室內設計師，重新回頭檢視自己的文章，強調「不需全部砍掉重寫，只需重抄一次，同時在裡面加入更多能讓文章更豐富的成分就好。」

步驟❷ 照步驟！強化寫作的思維

對於初學寫作的孩子，建議讓他們遵循以下的「寫作流程」。

寫作就像蓋房子

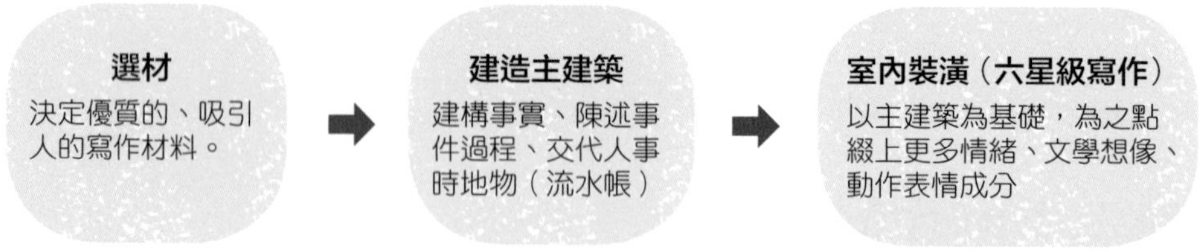

選材
決定優質的、吸引人的寫作材料。

➡

建造主建築
建構事實、陳述事件過程、交代人事時地物（流水帳）

➡

室內裝潢（六星級寫作）
以主建築為基礎，為之點綴上更多情緒、文學想像、動作表情成分

先讓孩子學著去鑑賞課文或別人寫的文章，再根據那些好文章所具備的情緒、動作、表情、對話、文學性思考等標準，試著當自己的「作文小老師」，評估自己寫出的文章還有哪些地方可以再修改。

步驟❸ 自己改！更能明白缺點在哪

在這段過程中，老師也要從旁協助，引導孩子學會自行評估、判斷可在哪一段加入更多的修飾語句。等孩子找出自己文章的問題了，再要求他們為文章「裝潢」：依照原本寫好的架構，重新加入文學想像、情緒、動作表情、對話等元素。

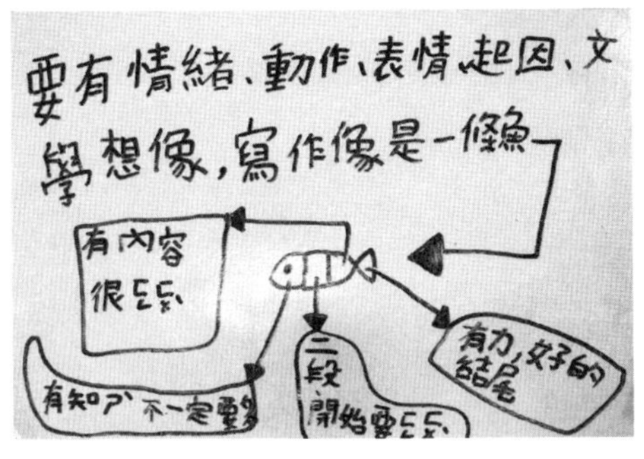

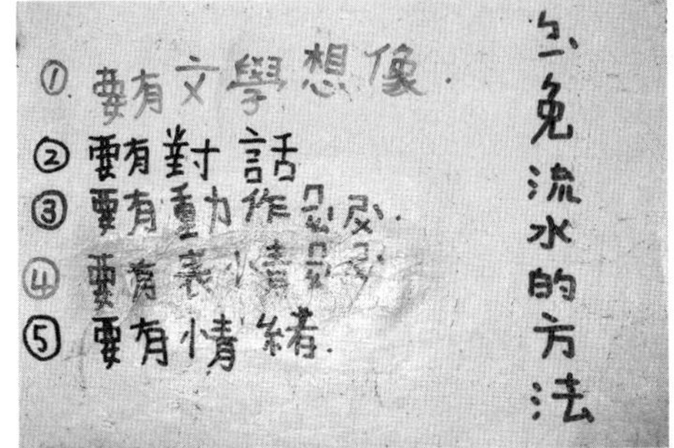

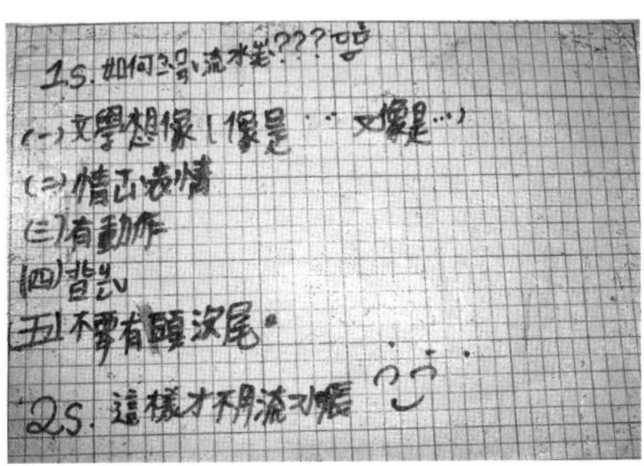

在這場「舊題新作」的動作中，請孩子回頭審視原來的作品，用紅筆或藍筆標記出原本沒有寫到、需要新加入元素的文句。

當自己的作文小老師，重寫也甘願！

重寫作文的活動是全班一起進行，而且孩子覺得自己是在裝飾自己的「房屋」，所以沒有人會有「被懲罰重寫一遍」的感覺。當孩子具體掌握到的文章如何更好，便非常投入增修文稿的任務。

為什麼孩子願意再寫一次？關鍵在老師的包容與珍視。我在此次的寫作活動中，包容了孩子的流水帳，甚至珍視流水帳的價值，不再把它視為垃圾。我認為，孩子花時間寫出的文章就像建築工人揮汗砌牆營造的房屋，能做到這種程度也不容易呀！

當孩子感受到老師寬厚的接納時，對寫作的自信與溫暖便取代了受挫與反抗——這是使他們願意重新提筆而不覺得受到懲罰的原因。

而且，在這個過程中，高成就的孩子會活用老師的策略，並結合自己深藏在內心的知識寶藏：低成就的孩子也有努力的方向，知道要用老師的策略去監控自己文章裡面的句子，並且判斷每一段的每一句還可以再增加哪些內容。在這樣的學習氛圍中，沒有一個人是被放棄的！

附註：如果班級學生能力與耐心尚未成熟，建議選原作的一或二段改寫即可。

智琪老師的觀察

以往作文往往都是「老師改」，學生針對老師批改的部分進行訂正。實際上，老師批改學生的流水帳作文會出現兩極反應。不是認真的逐字改，改到滿江紅的程度，要不就是改不下去而乾脆放棄。這時，老師氣孩子不好好寫，孩子也因為老是寫不好、不受老師肯定，有時甚至還要補寫或補抄老師幫他改的文句，因此害怕寫作。

這種模式導致師生「雙輸」。而且，老師幫學生改，那些文句是老師動腦筋想出來的東西，而非孩子自己產出的，這並無益於孩子的成長及進步。這次能夠幫自己「親手建造的房屋裝潢」，那是比幫別人「裝潢」（看別人的文章缺了什麼）還要更高層次的任務。

而且，溫老師創造出一段讓孩子自己監控、自我修正的學習時光，讓他們面對要修改、重寫自己作文的這件事時能保有平和、正向的情緒，老師不必動怒，孩子也不覺委屈，反而會更盡己所能的再度提筆。這樣的教學活動，有效又不傷師生情誼！

學生的習作作品

自我修正後的作品1

去年暑假我跟全家一起去日本玩，第一天去日本迪士尼，……，在玩雲霄飛車時，我整個人像小鳥一樣飛了起來，往下時，像往十八層地獄，有時候又像從地獄一直衝到天堂，我覺得值得又刺激。

第二天我們坐車到雷門，在車上時我看到好多阿嬤在買菜，看到這些阿嬤讓我想起我們等等要去找的阿嬤，也想念起在台灣的阿公阿嬤。到了雷門我們看到兩個超大、又超英勇的門神，可以妹妹會怕那些門神，所以她就沒有拍照了。

老師眉批

為每件事實做了更多停留與說明

（註：畫底線的部分是孩子自我修正之後增加的內容。）

自我修正後的作品2

去年寒假我們去韓國，當時我知道要去韓國以後，我非常的開心，就像是連死魚都高興的活起來了，……，於是我們利用如閃電般的速度準備好行李。

隔天我們全家準備好行李，就搭朋友的車到了高雄機場，我們在等候室等了好幾個小時都還沒登機，當下我真想把這個地方給毀掉！

人物情緒反應（非常的開心）

文學想像（就像是連死魚都高興的活起來了，……，於是我們利用如閃電般的速度準備好行李）

人物動作（當下我真想把這個地方給毀掉）

我問媽媽什麼時候才可以登機，媽媽說：「大約再二十分鐘左右。」媽媽話一說完，登機口就開了！看到登機口後又是一望無際的走廊，我幾乎又要崩潰了！……

人物間的對話

人物情緒反應

自我修正後的作品 3

今天是個快樂的一天，因爲爸爸要帶我們去花蓮玩，……，當我們要出發時，我和我的玩具小馬說聲再見，它也彷彿聽得懂似的，高興的和我揮手。

到了花蓮，我們在陽光的照映下騎腳踏車，斜坡就像溜滑梯，一下就完成了美妙的騎車，眞是令人難忘。

接著我們去泡溫泉，一邊欣賞漂亮的星空，眞的很像是在太空中漂浮著，好愜意呀！眞希望永遠在這享受著天堂的美意。……，哥哥說：「對了！前面有一座高吊橋，走吧！我們一起去吧！」「哇啊！我不要！我有懼高症和恐水症啦！」弟弟大叫。

老師眉批

加入更多細節（對話）、想像力的投入，讓旅行的過程更有畫面感。

文學想像

人物情緒反應

人物間的對話

4-2 自問自答，史上超強「課文複習」法！

學習單下載 

課文來源 三上康軒版國語課本〈爸爸的相簿〉、〈長大這件事〉、〈傘〉

教學內涵 **自問自答：**複習課文的最佳方式。

提問機制：學會解讀課文、抓重點的好方法。

深度理解：將課文轉化為提問的內容，訓練學生從懂得抓取重點的層次升級為知道如何提問的小達人。

一舉數得：既達到複習的功效，又能監控孩子的學習狀況，完全不必喪失寶貴時間來進行呆板又無效的複習工作。

溫老師這樣想

考試前，國語課是否有更高效、精準的複習方法？若請學生自己回家讀，你認為學生真能完成要求嗎？如果擔心學生沒有好好複習，你就叫他背課文、抄課文嗎？（好恐怖！）複習真的只能原地打轉，導致學習進度毫無進展？如果這是重要課題，當老師的應該要找出好的解決方案。

先前曾提過，教師手冊會提供一些問題，讓老師在課堂上向學生提問，以達到理解課文的目的。其實，提問在複習課文上也很有成效！你可能會擔心，若按照按教育部頒布的閱讀策略教學，到了高年級才會正式教學生提問策略。「三年級的學生能夠學習提問策略嗎？」

從一年級開始，每一堂國語課，老師為了促進學生理解課文內容，通常都會針對課文重點來提問。所以，三年級的孩子已經在這樣的教學模式不知翻滾多少回了。可是，老師問、學生答，孩子就只能如此「被動」的學習嗎？當然不！我向來主張讓孩子動手做、親自體驗，因此，考試前教孩子學會如何向自己提問，並藉此有效的複習課文。

溫老師如何教

不過，若想要挑戰讓三年級學生「主動」使用提問策略來複習課文，我們必須要先思考幾個點：(1)孩子知道「問題」是怎麼被提出來的嗎？(2)有沒有可能他也能針對文章來做「提問」？(3)又，這麼做對他有什麼意義？(4)如果你也想這麼做，對三年級的學生應該怎麼進行？為此，我規劃了一套分成兩階段的教學步驟。

利用提問策略來複習：初階篇

由於是孩子初次嘗試自問自答，為讓他們能習慣這種思考模式，必須透過以下步驟來逐次引導，進而達到透過提問就能抓住課文重點的成效。

步驟❶ 引導孩子思索課文與提問之間的關係

在黑板用白色粉筆寫下三個要點：

1. 找出 重點 → **閱讀**
2. 把重點變成 問題 → **提問**
3. 出 問題＋答案 → **自問自答**

看！其實學生是熟悉這個運作模式，只要回想低年級的上課方式，老師多多少少都會在上課時問他們問題，學習的模組早已確立，只是現在學生還不確定自己是否也可以試著從老師的角色來提問。

步驟❷ 提醒孩子如何判別提問內容的品質

再問學生：「你怎麼知道你的問題提得好不好？」這裡要傳達的觀念很重要！因為稍後要提出問題，至少可以讓他們先思考自己的問題「品質如何？」

你怎麼知道你的問題問得好不好？

1. 要讓別人看得懂題意
2. 答案完整 → **把課文重點講出來了**
3. 課本不一定有答案，但是跟課文重點有關係

步驟❸ 全班實作，從課文找出可提問的內容

接著，進入全班實作與討論的階段。我們以〈爸爸的相簿〉為材料，請學生從課文裡頭找出可以當成提問的內容重點。

1. 好問題，超級比一比

一開始就有學生興致勃勃舉手，「爸爸和媽媽坐在哪裡？」這顯然是不管全課重點，只看了幾句課文，就把「*在相簿裡，我看到爸爸和媽媽，坐在沙灘上*」這段描述變成填充題式的問題。這種現象一開始都會發生，不必感到訝異或憂慮。

所以，我馬上回問：「這問題的答案是課文的重點嗎？還是其中的一個部分？如果是其中一個部分，我們可以有更好的問法嗎？」

經過這麼一提醒，有學生立即想到：「相簿裡，爸爸在哪裡？做了哪些事？什麼時間？」一聽到這裡，底下起了騷動。有人也不甘示弱：「就是問人、事、時、地、物啦！對不對？」

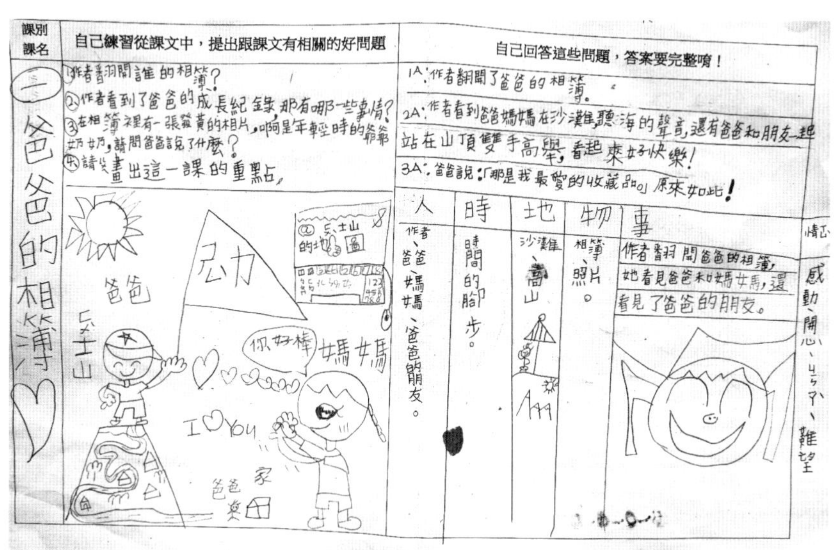

2. 說三道四 實際來做做看

1. 想想看，哪個問題比較好？為什麼？以〈爸爸的相簿〉這課為例。

   ① 爸爸和媽媽坐在哪裡？

   ② 從相簿中，爸爸從小到大在哪裡？做了哪些事情？情緒如何？

2. 這兩題，哪一題問得好？為什麼？

3. 好問題，答案怎麼答？

從答案→表格整理

要回答好問題，必需要學生先理解「回答」這件事可是大有學問的。好的問題大多可以「一魚多吃」，可能是同樣事件一直重複；所以，用表格常常會是整理答案的好方式。孩子也發現了這個事實，所以大家一致提出要畫表格來回答。

好問題，怎麼來回答？

	人	地	事	情緒
例	爸爸	躺在床上	笑	開心
1				
2				
3				
4				
5				
6				
7				

接著，我們以〈長大這件事〉這篇課文進行個別實作與討論。當天的回家功課，就是請學生以這兩課來寫一份提問學習單。

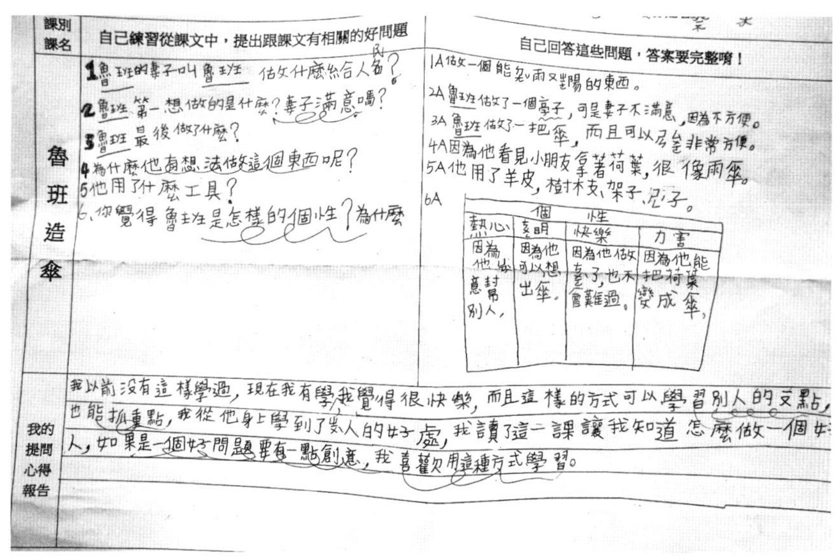

課別 課名	自己練習從課文中，提出跟課文有相關的好問題	自己回答這些問題，答案要完整唷！
魯班造傘	1魯班的妻子叫魯班做什麼給人民？ 2魯班第一想做的是什麼？妻子滿意嗎？ 3魯班最後做了什麼？ 4為什麼他有想法做這個東西呢？ 5他用了什麼工具？ 6、你覺得魯班是怎樣的個性？為什麼	1A做一個能遮雨又遮陽的東西。 2A魯班做了一個亭子，可是妻子不滿意，因為不方便。 3A魯班做了一把傘，而且可以帶著非常方便。 4A因為他看見小朋友拿著荷葉，很像雨傘。 5A他用了羊皮，樹枝、架子、尺子。 6A

6A 個性：

熱心	聰明	快樂	力害
因為他樂意幫別人，	因為他可以想出傘。	因為他做亭子，也不會難過。	因為他能把荷葉變成傘，

我的提問心得報告：我以前沒有這樣學過，現在我有學，我覺得很快樂，而且這樣的方式可以學習別人的優點，也能抓重點，我從他身上學到了當人的好處，我讀了這一課讓我知道怎麼做一個好人，如果是一個好問題要有一點創意，我喜歡用這種方式學習。

利用提問策略來複習：進階篇

經過課堂討論、習作以及回家作業的演練，孩子們已能掌握到提問的訣竅了。接下來，我們將複習進度推展到「閱讀開門 1」的〈傘〉。

步驟❶ 我們為什麼要讀故事？

〈傘〉是一篇故事體的文章，與〈長大這件事〉、〈爸爸的相簿〉的文體又不同了。我問學生，該如何從這篇故事裡面提出好問題？先請他們思考為什麼要讀故事。

為什麼要讀故事？

1. 可以學知識
2. 解決問題的方法
3. 累積能力
4. 有趣味
5. 得到智慧（故事的主題）

步驟❷ 你想用提問告訴別人什麼？

接著，我請孩子分組討論，大家一起思考以下問題：讀完故事，如何把故事重點變成問題？你想用故事告訴別人什麼？讀完故事之後要如何把它變成問題？你想用這些問題告訴別人什麼？

如何將故事的重點變成問題

人	事	時	地	物
魯班	起因 材料 結果→傘			傘→樹枝、 羊皮、竹子

1. **你想用問題告訴別人什麼**？
   ① 人、事、時、地、物——課文的內容。
   ② 主角想要告訴我們的道理。
   ③ 主角的個性和情緒變化。
2. **怎麼判斷問題出得好不好**？**我們該如何選出好問題**？
   ① 問題有沒有重複出現？（這裡是以一個小組為單位，小組討論得出的提問內容不應有重複）
   ② 問句完不完整？
   ③ 缺了什麼好問題？
   ④ 應該保留哪一題？

分組討論完畢之後，就發下課文理解學習單，讓學生個別實作，再寫一份學習心得。

會問出好問題，等於會自主思考

提問學習單與提問學習心得都在學校利用一堂課完成。主要是想觀察第二次提問策略教學的成果跟第一次的差別與進步。從小組討論、發表到個別實作，可以清楚看出我提供的鷹架最後確實都慢慢融入在學生的提問。即使他們提出的內容未必成熟、精準，但總算是跨出一大步了。

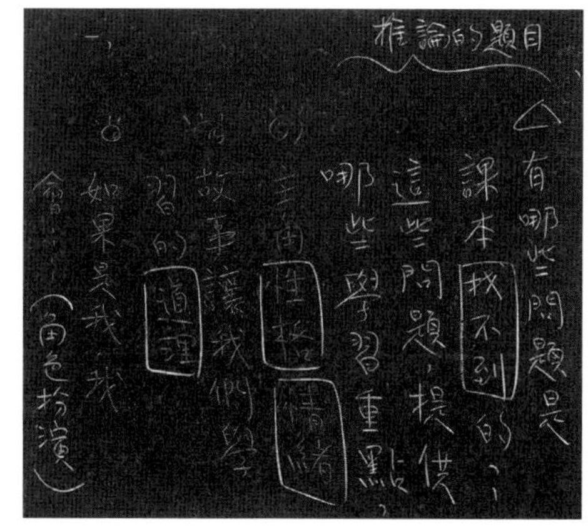

另外，我也立即請學生做「思考表白」，寫下這兩次提問策略教學對其影響。這麼一來，未來要派「課文預習」作業時，因為師生彼此認知已經達成一致，就不必多費唇舌解釋了。

溫老師的叮嚀

對於中、低年段的孩子，不必要求他們能夠理解提問策略的艱澀名詞，或者其他過多的制式要求。孩子都有直覺與敏感度，只需輕輕一撩撥，他們馬上就會有想法，也能回顧過往答題的經驗。所以，中年級教「提問策略」真的是綽綽有餘，師生都會很有成就感的！高年級流程一樣，但可以再加點難度，孩子學起來會更快。

老師怎麼提問，這就是模組。所以，首先還是要老師能先提問，孩子就會模仿了。提問技巧是需要慢慢練習的，這是一條沒有終點的路，因為各式文章雖有規則，卻不見得能一體適用。不過，這些都要靠經驗，所以，多多練習絕對有必要。

4-3 寫作貼貼樂，將課文輕鬆化為寫作目標

■ **課文來源**　三下康軒版國語課本〈下雨的時候〉

■ **教學內涵**　句子擴寫、文學想像

■ **教學策略**

	手做			戲劇		資料（故事）		提問		摘述			五卡					影片／媒體
閱讀理解	繪圖	美勞	活動	人	偶	老師說	學生自讀或筆記	口頭問（＋小白板）	學習單（表格）	情節圖	心智圖	眉批	情緒識別卡	人物行動卡	性格特質卡	我的觀點卡	六星寫作卡	
							✓	✓							✓			

延伸寫作	表格	話中有畫	稿紙	小書／剪貼	說／演
				✓	

❓溫老師這樣想

面對正值活潑好動階段的三年級學生，想讓他們乖乖坐在椅子上聽個四、五十分鐘的課，其實很難。但，在我的課堂，每個學生都會很專心，連寫作也都非常認真，即使是滿腦子想著戰爭、恐龍與機器人戰役的「陽剛男子漢」，也能變成斯文又浪漫的「小文青」，我的秘方就是寫作貼貼樂。寫作貼貼樂結合美勞與寫作，同時也是提供孩子一個理解課文內容重點，並學會應用這些內容的絕佳寫作「鷹架」。

每次看到孩子細心的剪貼、忍著想要出去玩的欲望，全心全意地為自己的作品努力，內心欣慰不已。而且每個人以不同的形式與邏輯呈現自己的作品，各個都是如此獨特而寶貴，讓人在孩子的作品中看到無窮的潛力，也讓從事教職那麼多年的我對於教學永不感厭倦。

溫老師如何教

〈下雨的時候〉中，作者以柔和細膩的筆觸，描繪出一幅意境悠遠的雨天景致。面對一篇文辭優美，伴隨著細膩的文學想像與詩意的文學作品，老師該如何帶領天真又單純的孩子們，去深刻感受當中的美？

從課文到寫作目標

〈下雨的時候〉是一篇略帶抒情的記敘文，正好可提供機會讓孩子繼續深入已經學到的寫作技巧，同時藉此來修練辭彙、鍛鍊文筆。

步驟❶ 解讀課文

先讓孩子仔細閱讀課文，請他們檢視當中的句子缺了什麼？還可以再加上什麼？我提示他們：「例如，文學想像、表情、動作、情緒等等。」

步驟❷ 擴寫練習

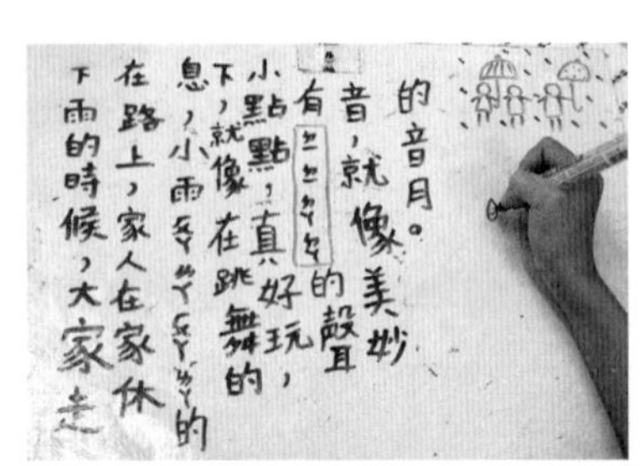

針對剛剛孩子們的討論，我們在課堂上以幾個句子進行擴寫練習。

步驟❸ 開始剪貼

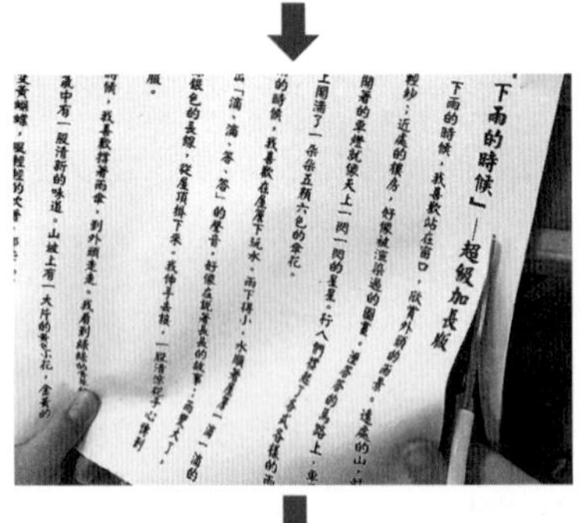

接著，再發下一張列印的完整課文。讓孩子自行選擇裡面的句子，剪下之後，要將這個句子加長、擴充，但不能脫離課文的意境。

步驟❹ 又寫又畫

貼貼樂除了要求孩子剪貼現成的課文當成寫作材料，也提供他們一個手繪創作的機會。我們將作文稿紙背面當作自由繪畫區，讓孩子邊寫邊畫。最後，成品以小書的形式呈現。

貼貼樂的內涵與價值：多工、智慧、幸福

寫作若是百米賽跑，這次的寫作任務就是「障礙賽」。要達目標，不只是奮力往前衝，還要在障礙出現時放慢速度才不會撞上去，調整自己的步調，想辦法跨越重重難關。

會變得有如障礙賽般富有挑戰，是因為我設定「必須放入一段段的課文句子，且不能離原意太遠」的框架。這個框架好似唐三藏束縛孫悟空的緊箍咒，使孩子必須時時反覆偵測，看自己寫的文句有沒有偏離課文宗旨太遠；還要留意有沒有把句子都貼入文章、有沒有不通順或前後文不連貫的狀況……。諸多條件讓孩子們無法再像以往一樣無拘無束的創作；然而這次寫作的價值即在於此。以下說明此次書寫活動的三大內涵。

1. **多工（技能）**

   孩子在創作過程必須做很多事，忙得很！手要剪貼，還要一邊判斷剪的長短、黏膠水的動作……，腦袋必須非常清楚。此外，還要反覆看課文，確認自己寫的有沒有離原意太遠；也要查看剪貼下來的課文片段可以貼在哪裡、如何連貫前後文，確認文章有沒有通順。因此，做這件事情時他們要手腦並用，小小腦袋一刻也不得閒。

2. **智慧（認知）**

   上文有提到孩子要手腦並用，此時他們也要搬出之前預防「流水帳」的注意事項，留意自己的文章缺了什麼，不斷的監控、思考自己的寫作作業。孩子為了加入文學想像的內容，因而真正進入課文情境，開始展開聯想。他們彷彿打開了五官，想像著下雨的時候會看到、聽到、聞到、嘗到、感受到什麼，並且將心中的圖像轉化成文字。這是需要充盈的智慧才能做得到的！

3. **幸福（情意）**

   雖然要完成這篇文章真是困難重重，但孩子卻因為經歷了這個過程，完

成後才會感受到滿滿的成就感，也像打了一場硬仗，凱旋歸來的戰士，儘管身心疲累，心裡卻滿溢著幸福。

仍是平衡了學習能力的天平兩端

這次設定的寫作作業，看似條件、框架很多，事實上孩子們仍可以按照自己的能力、風格去主宰自己的作品。高成就的孩子給自己更艱難的挑戰，剪貼更片段的文句，甚至不按照課文次序去剪貼，而是盡情運用自己的經驗與想像，加以拼湊、詮釋；低成就的孩子，他們也知道自己可以做什麼：只要將每一句加上文學想像、動作情緒的描寫就能達成目標。不管孩子的能力如何，他們都被賦予了思考、進步的權利，也都保有完成作業的成就感。

智琪老師的觀察

和溫老師一起欣賞孩子的作品，我們往往邊看邊大笑、也驚嘆著孩子的創造力。我尤其驚訝孩子怎麼有辦法做出那麼困難的事？怎麼有辦法知道什麼時候該貼什麼句子？他們是一開始就想好文章架構了嗎？我好奇的訪談了幾位學生，才知道自己以前太小看孩子了！

他們的作品不僅該有的文學想像都沒有少，而且創意、美感十足，每位孩子的作品也保留了自己的獨特性。看到他們童真的文字，讓我好像重返童年，看到了孩子眼中那個繽紛的世界！

學生的習作作品

下雨的時候，我喜歡撐著雨傘，到外頭走走。我看到小花、小草被雨洗得亮亮的，空氣中有一種雨水的氣味。

山坡上有一大片的黃色小花，就像一隻隻的小蝴蝶，那些「小蝴蝶」飛來飛去，飛到了我的手上，飛到天空的白雲裡，一隻接著一隻，就像一陣風，咻！的一聲，開心的飛上了天空。

有一個淡淡的花香，那一個花香讓我想起了小黃花、小蝴蝶和一大片的天空，我開心地走，有風有雨，眞是涼快呀！

4-4「文字變變變」，創作一本自己的小書

課文來源　三上康軒版國語課本〈文字變變變〉

教學內涵　了解中文字的組成與由來

教學策略

閱讀理解	手做			戲劇		資料（故事）		提問		摘述			五卡					影片／媒體
	繪圖	美勞	活動	人	偶	老師說	學生自讀或筆記	口頭問（＋小白板）	學習單（表格）	情節圖	心智圖	眉批	情緒識別卡	人物行動卡	性格特質卡	我的觀點卡	六星寫作卡	
		✓					✓	✓										

延伸寫作	表格	話中有畫	稿紙	小書／剪貼	說／演
				✓	

❓溫老師這樣想

越是難消化的工作，越要想方設法扭轉其形態與內容，認字、識字就是其中一例。中國字不僅是藝術，每個部件的組合更是神祕深邃，演化至今，只有少數還能一眼看穿，大多則是橫看、豎看怎麼都無法參透了。別說我們大人常常霧裡看花，這些剛脫離低年級注音符號的孩子，升上三年級突然面對中國字大軍壓境，要能短時間記牢一筆一畫，的確是件苦差事。這篇名為〈文字變變變〉的有趣課文，給了我一個靈感：讓孩子有機會好好地在「部件」裡溜達、打轉，仔仔細細的研究將與他們共處一輩子的中國字。

由於課文內容已能引發小三生的興致與思考方向；那麼，接下來就是教學型態了。如果我們仍依循將課文抄寫在作業本的傳統模式，即使課文內容再有趣，卻會因為執行方式不夠多元、缺少創意，孩子的興趣肯定撐不了太久。此時，若能在寫作摻入藝術與塗鴉的元素，再佐以手做書的形式，可愛又單純的小三生絕對會瘋狂愛上這樣的作業。

溫老師如何教

〈文字變變變〉主要是藉由詩歌與唸謠，讓學生了解中國字的解構、強化字型的意義與部件之間的連結度。文章只是拋磚引玉，重點是讓學習者也能仿效這樣的思路去親近中國字。如此意旨，正好應用在期末考前的生難字複習，一來達到深化國字的學習，二來還能結合小書製作的技巧，讓文字充分發揮美感與創意。

「文字」創作三部曲

同樣的，我們這次也從閱讀課文來尋找寫作脈絡。該課提供了三首關於文字的創作案例。但，它們都是成人作品，若要從中找出寫作邏輯的模組，或規定創作要講究合理性，孩子可能就無法自由創作了。所以，我放棄分析，只留下「對字的好奇、興趣與解構意圖」的意旨，並請孩子針對此點來發揮創意。

這種圖文寫作也是我首度嘗試。我放手讓孩子自行摸索，然後鼓勵他們在課堂上盡量跟同學分享，從互相學習的過程中，大家不斷找出更多的可能性。這樣的教學約可分成三段歷程。

步驟❶ 首部曲：課堂上先練習一、兩個字

請孩子拿出小白板，先試作一或二個自己熟悉的字，再從生字裡面自由選擇自己覺得可發揮或是有感覺的。這時候提醒他們：可以仿作課文的寫作模式，也可以大膽的自行創新。創作完了要跟同學分享。

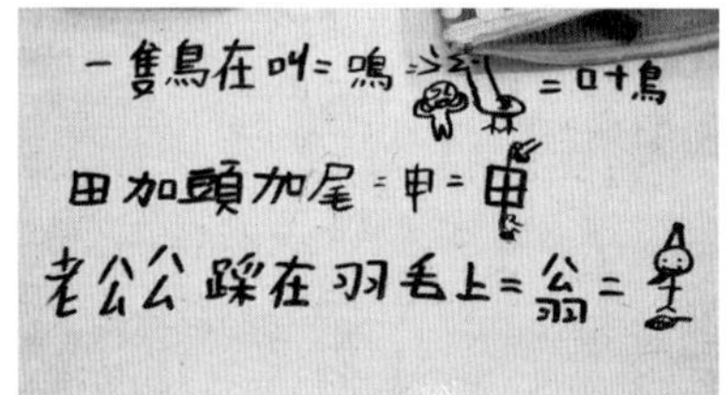

步驟❷ 二部曲：回家繼續練習四到六個字

應孩子的要求，他們想要把創作成果做成小書，我發給每人一張 A3 的白紙當練習紙。這張紙摺成四等分，正反兩面共可分成八個格子，孩子要在每格裡面填入關於一個字的圖文創作，就成了「八格小書」。這項作業沒時間在學校完成，所以，當天回家功課就是讓孩子任意選擇四到六個字在這張紙上創作。

步驟❸ 三部曲：把期末考的生字做成小書

前項回家作業繳回之後，許多孩子的創意令人激賞。學生看到其他同學的作品，也激起了創作興致。當時適逢本校校慶補假，外加元旦假期，一共有四天連續假期；因此請孩子把期末考範圍第八到第十四課的生字當成創作材料，從中挑出20個製作成自己的「文字變變變」小書。之前有家長送來空白的銅版紙，

這時正好派上用場。銅版紙很有質感，一張對折之後成為 B5 的尺寸，中間再用騎馬釘固定，活脫脫就是一本繪本的模樣。

誰不愛這樣的質感呢？孩子的胸口就像脹滿氣的汽球，再不透氣就要爆炸了！所以，我，假借「不用午睡」的慈悲之名，讓他們提前開始動手製作封面，只見個個聚精會神，頭也不抬的又畫又寫，整間教室肅靜得好像連掉根針都能聽見呢！

用觀點卡來教課文

當孩子做完整本小書之後，再帶領全班欣賞每個人的傑作，課堂若有時間，還可應用觀點卡的教來強化他們的思考邏輯。主題就是：製作小書的收穫。

觀點列表		我的觀點
正向觀點	我期待，因為…	
	我喜歡，因為…	**我喜歡**用這種方式分析一個字，**因為**我會認真地拆解字，不知不覺就記下寫法了，而且很有趣！
	我同意，因為…	
中立觀點	我認為，因為…	**我認為**發明字的人都有他的想法，**因為**像「鳴」就是「鳥在叫的聲音」，用「口」和「鳥」組合，正好符合他的意思。
	我想問，因為…	
	我推斷，因為…	
	我預測，因為…	
	我的結論是，因為…	
反向觀點	我質疑，因為…	
	我不同意，因為…	**我不同意**這份作業做起來很累，**因為**有家人跟我一起想，過程中也發生很多有趣的事，就像在想笑話一樣。
	我討厭，因為…	

4-5 剪課本，誘使孩子更樂於寫寒暑假作業

應用時機 類似手法在教學各版本各課的時候皆適用。

教學內涵 **提供誘因：**剪課本的活動設計跳脫制式思惟，讓孩子樂意嘗試。

降低門檻：孩子熟悉的課本，在圖文方面都提供了寫作的鷹架，降低創作門檻。即使平時在這方面能力較弱的孩子也能達成任務。

提供素材：舊課本提供了精美插畫，孩子不必擔心自己畫不好，甚至可從這些熟悉的圖像來延伸創作。

溫老師這樣想

寒暑假作業要怎麼降低難度、提高學生寫作的興趣？在此大力推薦「剪課本」！學期末，陪了孩子半年的課本就只能資源回收，或是堆在書架、從此不見天日嗎？其實，退休的課本還能物盡其用呢！課本的精美圖像可是幫助孩子編故事、配插圖的絕佳資源。尤其對於那些不善繪畫或是寫作能力較弱的孩子，透過剪貼課本的方式，編寫故事的任務就變得輕鬆多了。

溫老師如何教

寒暑假是訓練孩子自行撰寫長篇故事的好時機。這回加了「剪課本」，怎麼實施呢？

步驟❶ 提供刺激，轉移焦點

依據心理學所述，提供有點「離經叛道」之事，具有「轉移壓力」的效果。寫作的鼓動也需借助這個定律。接近期末時，我故意放出風聲，要做一件讓所有人「跌破眼鏡」的大事。正當孩子驚覺不可思議之際，我不動聲色的拋出寒假故事寫作的「餌」。此刻當然要持續故弄玄虛，把「剪課本」的活動搞到非常刺激、緊張的程度，無非就是要讓他們開始手癢，忘記老師最終目的其實就是想誘使他們寫出一篇長篇故事。

步驟❷ 形同鷹架，降低寫作門檻

學期中的故事寫作，主要由課程延伸出去，且多由老師統一布題，並提供討論與寫作綱要。在寒假編寫故事卻必須單打獨鬥，這是一項非常孤獨的任務。

這個班級我才教一學期，寫作能力剛剛起步；如果因為這次的挫敗影響到未來的寫作之路，那可就前功盡棄了。不過，這學期的國語課，幾乎每課都有延伸寫作，其中又以故事居多。所以，期末再度翻開課本，心裡是非常親切有感的。基於這樣的實質效益，如果寒假不知道要寫什麼時，參考過去從課本延伸出去的「梗」，寒假長篇故事的寫作難度，應該會降低不少。

班上有個孩子，一拿到老師發下空白故事本，忙不迭的就將國語課本的目錄及每課的圖像一一剪貼上去。剛開始我以為這孩子會錯意，擔心他會原封不動的抄上課文。後來經過觀察，發現他雖然用了一些課本裡的圖像，內容卻是慢慢加入自己的想法，也會在剪貼的圖案旁邊加上自己的創意繪畫。看到這個最讓我擔心無法獨立編寫故事的學生，能夠興致勃勃的透過「剪課本」而積極動筆，內心一塊大石頭終於落地。

步驟❸ 插畫、圖像免煩惱

基本上，雖然這階段的孩子大都還停留在不怕美醜的愛畫畫階段，但是，換個口味來試試，也是另一種創造力的展現。尤其七種課文的插畫一次攤開，就像百貨公司賣的商品，琳瑯滿目、應有盡有。

這個活動並未強迫孩子一定要剪課本，但我觀察到一些原來就很會畫畫的孩子，竟然也樂得從中選取現成圖案，而且還會加上自己的巧思，打破過去一手包辦的型態。這回挑戰「混搭」式的插畫工作，呈現出來的模樣可是前所未有的風格啊！

前端使力，後端支援

給足孩子創作的材料與方法，同時我還請求家長從旁協助。當然，這部分的協助也可省略。但由於南大附小的家長多半熱心兒女教育，有一些家長是可以幫忙的。所以，我在給孩子的學習單上寫了一封給家長的信，請他們在自家孩子首次嘗試長篇寫作的過程中提供輔助。

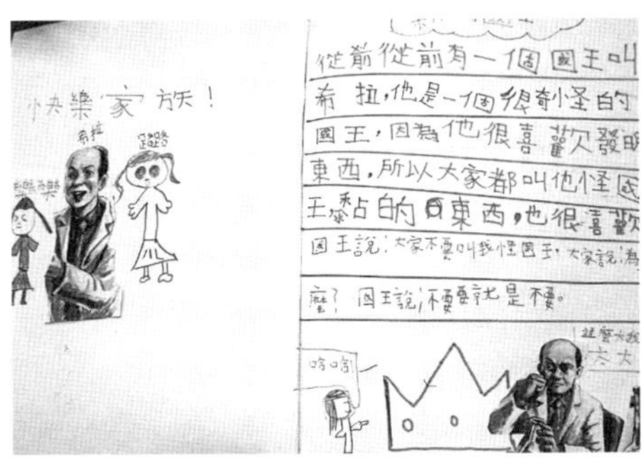

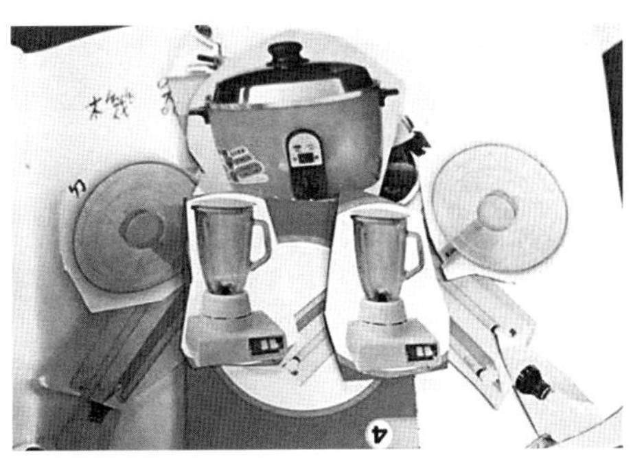

溫老師給家長的話：

寫作這件事單靠家長的力量鐵定很難達成，除非你的孩子動機很強，意志力及耐力也夠，否則這世上沒有人想自找苦吃，即使連溫老師也不會如此主動，大多時候也靠外來壓力，常常因他人強烈期許，而自己糊裡糊塗的答應，無意間竟也就促成了一樁一樁的美事。

孩子寫作也是一樣的道理。沒有外力介入休想坐收成果，雖然過程艱辛異常，甚至痛苦萬分，然而這學期一本本故事小書，不也從這樣的環境中產出來了？

如果您願意，溫老師已跟孩子約定寫作任務，期待孩子的寫作不要停頓，甚至要更上層樓，這樣的期許，當然得靠您在旁一起費心提醒或說強迫，否則就是神也無法讓偷懶的人擁有才華與成就。

這項作業完成後，2/15（一）返校日請交一份給溫老師（若有打字，原稿也要交來），自己可以留下1～2份。

溫老師的叮嚀

寒假尚未結束，我帶的三己小小兵已傳來寫出小小說的成果，令人感動不已。三己是才帶一學期的班級。因為平日小書或故事類寫了至少 15 篇，再加上期末用幾天跟學生討論，孩子不知不覺就啟動了寒假作業的寫作工程。寒假作業提早在學校展開，有不少好處。

孩子可以邊寫邊觀摩別人，老師也能適時為需要協助的孩子打氣，或是如此激勵他們：「哇！賺死了，現在就已經開始寫寒假作業，全台灣哪有這麼『好康』的班級？」

對於派孩子任務，特別是寒假作業，我總抱著隨緣心態。孩子有寫，就是師生彼此賺到；家長願意協助，比如幫孩子寫序或協助打字之類的，更是親師生撿到的大禮物。雖說不必期待家長正面回饋，但依照我教學多年的經驗，若非特殊狀況，通常到了最後，家長對孩子的表現其實都是喜出望外、驚喜不已。

還未開學的時候，我就已經接到家長來電，表示對自家寶貝寫故事能力的讚嘆與驚喜。當然，我對這份作業的先見之明與堅持到底的決心，家長更是感謝溢於言表。

電影《一代宗師》有句台詞：「念念不忘，必有迴響」。堅持有品質的寫作，是我在教學上的執念。幸福的是，我還真的從未落空過。

4-6 紙偶戲，激發孩子動手又動腦的學習力

■ **學習單下載**

■ **課文來源**　三上康軒版國語課本〈淡水小鎮〉

■ **教學內涵**　將詩歌轉換成故事

■ **教學策略**

	手做			戲劇		資料（故事）		提問		摘述			五卡					影片／媒體
閱讀理解	繪圖	美勞	活動	人	偶	老師說	學生自讀或筆記	口頭問（＋小白板）	學習單（表格）	情節圖	心智圖	眉批	情緒識別卡	人物行動卡	性格特質卡	我的觀點卡	六星寫作卡	
		✓			✓		✓		✓						✓			✓

	表格	話中有畫	稿紙	小書／剪貼	說／演
延伸寫作			✓		✓

❓溫老師這樣想

教學要蘊含趣味、多元、深度與效度。趣味，是要引發孩子的學習動機，而趣味的前提則是多元，以意想不到的方式引領孩子進入課文意旨，更能讓他們眼睛一亮、印象更鮮活。

這次的創作材料是課文〈淡水小鎮〉。淡水是北台灣的知名景點，這裡有史前遺址、荷蘭人與西班牙人先後來此設立殖民據點、法國人想從這裡登陸台灣、晚來的英國人卻在此幫清朝政府收關稅……。我們如何讓孩子在短短時間就能對這個地方產生興趣、並且瞭解它的來龍去脈？

我發現，這年紀的孩子喜歡玩紙偶戲。既然如此，那就讓他們做紙偶、自己上台表演吧！想要表演，就必須深入挖掘淡水的歷史、環境、特色。再輔以「淡水自我介紹」的寫作活動，關於淡水的認識便能更上一層樓了！

溫老師如何教

〈淡水小鎮〉是一篇詩歌，描寫淡水的老街、阿婆鐵蛋、紅毛城、小船這四個主題。作者以文字緬懷淡水的發展淵源、描寫現今淡水的景色。與其帶領孩子去探究詩詞歌謠的寫作形式，不如引領他們去瞭解在作者背後驅使他創作的淡水。淡水這個景點其實是寫作的好題材，因為有許多故事可說，孩子對故事會有興趣。所以，我們就從這篇課文出發，先深度瞭解淡水的歷史，挖掘到豐富的寫作素材之後，再請孩子在這個基礎上進行延伸寫作。

溫老師這樣教閱讀

閱讀要有所感，才能有所得。雖然課文的詩歌與唸謠帶有聲韻之美，但，對於這階段的孩子來說，搭配具體的圖像才是王道！於是，在理解課文與深究課文的前兩個步驟，都使用了圖像。

步驟❶ 文字＋照片：進入淡水的情境

僅靠文字描述，孩子對淡水仍很陌生。因此，我搭配了跟課文四個主題相關的照片，讓孩子透過這些圖像，融入課文裡的文字描寫。

步驟❷ 紙偶劇：認識淡水的古往今來

課文中的四個主題：老街、紅毛城、小船（港口）幾乎都與淡水的歷史有關。因此，要讓孩子領略文句描寫之美與寫作思維，可從瞭解淡水的歷史發展開始。以「淡水歷史故事」學習單為基礎，讓孩子看完故事之後，填寫曾到淡水開發的人做了什麼、有什麼影響……。

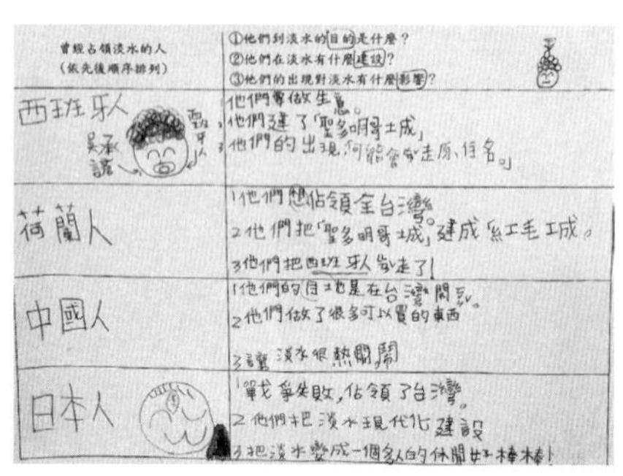

曾經占領淡水的人（依先後順序排列）	①他們到淡水的目的是什麼？ ②他們在淡水有什麼建設？ ③他們的出現對淡水有什麼影響？
西班牙人	1他們要做生意。 2他們建了「聖多明哥城」 3他們的出現[illegible]
荷蘭人	1他們想佔領全台灣。 2他們把「聖多明哥城」建成「紅毛城」。 3他們把西班牙人趕走了!
中國人	1他們的目地是在台灣開[illegible]。 2他們做了很多可以賣的東西 3讓淡水很熱鬧
日本人	1戰爭失敗，佔領了台灣。 2他們把淡水現代化建設 3把淡水變成一個多人的休閒好棒棒!

以表格讓孩子進行課文的重點摘要。

發下學習單之後，該如何點燃孩子想要主動瞭解淡水的慾望呢？我請智琪老師以紙偶和淡水地圖，在黑板演示一場名為「誰來淡水」的紙偶說故事。智琪老師邊移動紙偶，邊告訴孩子在什麼階段有誰來到了淡水、做了什麼、對誰有怎樣的影響。小朋友看到這種現場解說，更容易理解曾在淡水發生過的各種事件的前因後果。

紙偶說故事「誰來淡水」。

溫老師這樣教寫作

但，只讓孩子當觀眾並不夠！我始終抱持「多讓孩子做，孩子學習最多」的理念，為每位孩子準備了瓦楞板，讓他們製作一個屬於自己的淡水地圖與紙偶。過程中滿足孩子「手做」的需求，他們也得不斷回頭研究學習單裡頭關於淡水歷史的內容，甚至還有孩子自行上網找補充資料呢！

步驟❸ 自己表演：分組創作紙偶戲

最後，讓孩子小組合作，一起用瓦楞板及紙偶說出淡水小鎮的故事。各組聚在一起，賣力的討論、修正，希望自己表現得更好。小組之間成員的合作既歡樂又有趣，無形間也增進了組員之間的關係！

學生分組上台表演。

步驟❹ 淡水的自我介紹：從詩歌化為記敘文

創作紙偶的同時也讓孩子從事文字寫作，以第一人稱的口吻來介紹淡水。孩子必須跟隨寫作提示（請上網下載「三上國語第八課寫作單」），在自己的文章帶到這門課學到的淡水歷史，也要把課文所提到的淡水景點、美食等，用自己的話重新描述一遍。當孩子把課本裡的詩歌擴展為內容豐富的記敘文之後，也對淡水萌生更多情感與回憶！

智琪老師的觀察

這門課其實是我上的，溫老師在背後給了我許多指導。此次教學讓我苦惱的，是該如何達到深度與效度，溫老師點醒了我：既然孩子喜歡紙偶戲，不如讓他們也做一次！「天呀！我怎麼從來沒有想過這件事？」我猛然醒悟，溫老師教學向來著重「讓孩子做」，把學習主導權還給孩子，由孩子自己去將學習內容反饋、表達，取代「老師講、孩子聽」模式。

我也看到這麼做的成效！在這堂課，不管孩子是努力畫好紙偶與地圖的模樣，還是小組討論工作分配時，臉上綻放出的笑容，都讓我體會到溫老師所期望的教室風景——讓孩子快樂的投注在其中，給予充實滿滿的課程內容，但他們卻不會抗拒或厭煩。這次也讓我見識到在教學形式與講述手法之外，老師還能把一般人以為「該是老師做的事」交給孩子嘗試！唯有如此，孩子的學習才會結出豐碩的果實！

學生的習作作品

淡水的自我介紹

大家好，我是淡水小鎮，我今年已經400多歲了，我想要跟大家分享我曾經的故事。首先，我來簡單介紹我自己，我住在台灣的北部，我覺得我自己是個體貼的人，因爲只要有人來，我會用漂亮的美景、古老的古蹟、還有好吃的美食，有很多人來過我這裡，也爲我蓋了很多現在是古物的東西，接下來我要說我有甚麼寶物。

以前人在我身上發現新陸地和寶物，我的古蹟有很多，像是紅毛城……之類的，對淡水人來說，自然環境有：重要的淡水河，因爲淡水河以前是運送東西來買賣，所以淡水人覺得是非常重要的。

再來，說到美食有傳統餅店、阿給和阿婆鐵蛋。告訴你們一個關於鐵蛋是怎麼來的故事，有一天賣滷蛋的阿婆，不小心滷太久，滷蛋變得有硬又黑，阿婆不想丟掉，所以試吃看看，哇！好好吃喔。我覺得每個寶物都是只有淡水才有，所以每個我都愛。

告訴你，400年前，有許多不同的人來到我這裡，他們都在我這裡做了很多事情喔！原本住這裡的人是原住民，這時有很多樹林呢！可是，自從西班牙人來之後，事情就不一樣了，大樹都砍光了，可是他們蓋了聖多明哥城。荷蘭和西班牙大戰了，淡水就變成了荷蘭人的領土，荷蘭人來了之後，本來的聖多明哥城，變成了紅毛城，荷蘭人在我這裡和中國一起做生意，之後荷蘭人過度囂張，都沒有人來買中國人本地物品，於是中國人派出鄭成功趕走荷蘭人。

之後，中國人在淡水開墾，吸引更多人來這裡做生意。大戰後，台灣變成了日本的手下，可是，淡水河都是泥沙，無法運東西進來。這時，日本人爲淡水做了很多事，例：很多活動和現代化建設，讓淡水重新活過來。

淡水400年以前的事，我最喜歡日本人，因爲他不但讓我受到大家的歡迎，日本也將我歸還給現在的台灣，我很想知道下一個客人是誰，我也希望全世界的人都知道我。但我比較希望英國人來，因爲英國人沒來過，也可以讓他們知道我，也很好呀！

如果眞的來，我可以招待他們很多東西，例：阿婆鐵蛋、阿給、去看紅毛城、坐船……之類的，要送他們走的時候，要大聲喊：「下次記得還要來喔！再見！」，之後再去期待下一個客人是誰。

（註：學生的作文描述有誤。事實上，英國在 1861 年於淡水設立領事館，直至 1972 年才撤走。位於紅毛城旁邊的前清英國領事官邸現也是淡水的知名古蹟。）

詞彙總表

【情緒寶盒】加上【五卡寶盒】，132 張卡片，讓閱讀寫作、班級經營不再卡關！

■ 情緒識別卡，共 53 張

情緒寶盒	快樂組：1 愉快 2 高興 3 快樂 4 驚喜 5 痛快 6 狂喜
	舒服組：1 放鬆 2 舒服 3 感動 4 得意 5 平靜 6 幸福
	難過組：1 失望 2 疲憊 3 委屈 4 難過 5 孤單 6 悲傷
	害怕組：1 不安 2 緊張 3 擔心 4 害怕 5 驚慌 6 恐懼
	生氣組：1 煩悶 2 挫折 3 忌妒 4 生氣 5 憤怒 6 抓狂
	其他組：1 無聊 2 尷尬 3 驚訝 4 討厭 5 愧疚 6 震驚

五卡寶盒	1 滿足 2 充實 3 感激 4 期待 5 自豪 6 安心 7 解脫 8 自得其樂
	1 矛盾 2 羨慕 3 後悔 4 空虛 5 丟臉 6 沮喪 7 懷疑 8 絕望 9 無奈

■ 性格特質卡，共 46 張

情緒寶盒	1 勇敢 vs.2 畏縮；3 誠懇 vs.4 狡猾；5 活潑 vs.6 文靜；7 果決 vs.8 猶豫不決； 9 獨立 vs.10 依賴；11 慷慨 vs.12 小氣；13 慈悲 vs.14 冷酷；15 自制 vs.16 任性； 17 勤奮 vs.18 懶散；19 謹慎 vs.20 草率；21 自信 vs.22 自卑；23 溫和 vs.24 暴躁； 25 謙虛 vs.26 驕傲；27 不拘小節 vs.28 吹毛求疵；29 創意十足 vs.30 墨守成規

五卡寶盒	31 專注 vs.32 浮躁；33 熱情 vs.34 冷漠；35 害羞 vs.36 大方；37 保守 vs.38 前衛； 39 輕浮 vs.40 穩重；41 嚴厲 vs.42 寬容；43 剛強 vs.44 軟弱；45 愚蠢 vs.46 聰慧

■ 人物行動卡，共 18 張

行動列表	前進：1 挑戰、2 省思、3 洞察、4 求助、5 面對、6 征服
	休止：1 無怨、2 隨緣、3 等待、4 放空、5 休息、6 妥協
	後退：1 抱怨、2 哭泣、3 宣洩、4 逃避、5 放棄、6 攻擊

■ 我的觀點卡，9 張

1 我質疑，因為……	2 我不同意，因為……	3 我同意，因為……
4 我期待，因為……	5 我喜歡，因為……	6 我推斷，因為……
7 我認為，因為……	8 我預測，因為……	9 我的結論是，因為……

■六星寫作卡，6 張

1 標題 / 重點；2 事實 / 現象；3 文學 / 想像；4 動作 / 表情；5 對話 / 獨白；6 情緒 / 想法

學習與教育 170

溫美玉備課趴 2：閱讀理解與延伸寫作的五卡教學實錄

作　　者 | 溫美玉 · 王智琪
責任編輯 | 李佩芬 · 張華承
封面插畫 | 賴馬
封面設計 | nicaslife
內頁設計 | 陳俐君
行銷企劃 | 林育菁

天下雜誌群創辦人 | 殷允芃
董事長兼執行長 | 何琦瑜
媒體產品事業群
總經理 | 游玉雪
總監 | 李佩芬
版權專員 | 何晨瑋 · 黃微真

出 版 者 | 親子天下股份有限公司
地　　址 | 台北市 104 建國北路一段 96 號 4 樓
電　　話 | (02) 2509-2800　　傳真 | (02) 2509-2462
網　　址 | www.parenting.com.tw
讀者服務專線 | (02) 2662-0332　　週一～週五：09:00 ～ 17:30
讀者服務傳真 | (02) 2662-6048
客服信箱 | bill@cw.com.tw
法律顧問 | 台英國際商務法律事務所 · 羅明通律師
製版印刷 | 中原造像股份有限公司
總 經 銷 | 大和圖書有限公司　　電話 | (02) 8990-2588

出版日期 | 2017 年 1 月第一版第一次印行
2021 年 10 月第一版第九次印行
定　　價 | 300 元
書　　號 | BKEE0170P
I S B N | 978-986-94215-3-9 (平裝)

國家圖書館出版品預行編目(CIP)資料

溫美玉備課趴2：閱讀理解與延伸寫作的五卡教學實錄 / 溫美玉　王智琪著. -- 第一版. -- 臺北市：親子天下, 2017.01
192面；17×23公分. -- (學習與教育系列；170)
ISBN 978-986-94215-3-9(平裝)
1. 漢語教學 2.寫作法 3.小學教學

523.313　　105025111